# 投資家資本主義の未来

## 未来

### ESG投資の行方

RESPONSIBLE INVESTOR CAPITALISM

MIWA Yumiko

三和裕美子

千倉書房

# 序文

　筆者が大学院にて、米国の機関投資家とコーポレートガバナンスの研究を始めたのは1991年であった。当時の日本においては、生保や事業法人などの法人投資家は存在していたが、純投資を行う機関投資家は未成熟な存在であった。それから約30年の変化は目覚ましいものがある。

　2000年代初頭に、主要アセットオーナー（年金基金）が『議決権行使に関する運用基本方針および管理方針策定』を策定し、資産運用会社は議決権行使委員会等を設置し日本の機関投資家が本格的に議決権行使を行うようになった。その後2014年にスチュワードシップ・コード、2015年にコーポレートガバナンス・コードというソフトロー（自主規制）が導入され、法的規制に依らない資本市場の力による企業改革が目指された。

　2013年から始まった第二次安倍政権の「日本再興戦略」（アベノミクス）により、民間投資を喚起する成長戦略が掲げられた。企業が積極的にリスクをとりM＆A等を行うこと、資本コストを意識した経営、そのためのコーポレートガバナンス改革が目指され、機関投資家はこれらの改革を促す議決権行使基準を設定した。2020年のスチュワードシップ・コード改訂、2021年のコーポレートガバナンス・コード改訂ではサステナビリティに関する考慮が盛り込まれ、これに対応して企業・機関投資家はESG（環境・社会・ガバナンス）などの非財務事項と企業価値について評価と開示を行うことが求められた。

　さらに2023年に公表された金融庁の「資産運用業高度化プログレスレポート2023」は、日本の資産運用業の専門性と透明性を高めるための指針を提供した。同レポートは、諸外国に比べて日本の資産運用業の重要度が低い理由

についてその問題点を指摘している。岸田文雄首相が進める「資産運用立国」政策においては、「資産所得倍増プラン」や「コーポレートガバナンス改革」、「新 NISA 制度」の導入等を通じ、インベストメントチェーン（投資の循環）を構成する各主体に対する働きかけが行われている。資産運用業界はさらなる改革を求められ、アセットオーナーシップの改革、成長資金の供給と運用対象の多様化、スチュワードシップ活動の実質化、対外情報発信・コミュニケーションの強化を柱とする「資産運用立国実現プラン」が策定された。

このようにわが国の資産運用業者、機関投資家はますます重要な主体となっている。2024年から始まった新 NISA 制度により、今後より多くの個人投資家の資金が資本市場へ流入するであろう。インベストメントチェーンとは、家計・個人投資家の資金が年金基金、投資信託などを通じて資産運用会社に流入し、資産運用会社は企業に投資を行い ESG、資本効率、成長戦略などの観点から企業の変革を促すという一連のサイクルを言う。

かつて、米国において機関投資家が台頭してきた1990年代に、米国経営学者マイケル・ユシームは、このような金融経済の状況を「投資家資本主義(1)」、米国経済学者ハイマン・ミンスキーは「マネー・マネージャー資本主義(2)」と呼んだ。リーマンショックを契機として投資家主導の経済がもたらす負の影響が懸念され、英国においては機関投資家の責任ある行動が求められた。このような動きは、いわば「市場の失敗」や「行き過ぎた株主資本主義」をソフトローなどの自主規制によって、機関投資家や企業の行動を変え社会変革を促すということである。

そこでは、インベストメントチェーンにおける最終受益者となる個人の金融リテラシーや資産運用業に対する信頼を高めることが重要な課題となる。本書は、投資家資本主義の未来として「責任ある投資家」像を考察する。「責任ある投資家」とは ESG・サステビリティなど長期的な未来を考慮する投資家のことを意味する。昨今の反 ESG の流れもあり「ESG はどこへ向かうのか？」ということも言われている。これは、最終受益者である個人・市

民が「どこへ向かいたいのか？」、つまりどのような未来を描きたいのかという問いであると筆者は考える。本書が最終受益者に対して、資産運用業者を中心としたインベストメントチェーンの流れを伝える一助になれば幸いである。

(1) Useem（1996）.
(2) Minsky（2008）.

# 本書の構成

　本書は3つのテーマに分類できる。第1章から第3章は株式会社と金融経済がテーマである。第4章から第7章はESGと機関投資家の行動について論じている。最後にBoard 3.0と株主アクティビズムの影響について議論する。最初のパートは、そもそも株式会社とは、コーポレートガバナンスとは何か、について考え、そのうえで現代の金融システムが株式会社に及ぼす影響について明らかにしている。第2のパートでは、機関投資家の資産規模が拡大している今日、サステナブルファイナンスにおけるユニバーサルオーナーとしての役割、企業とのエンゲージメントの在り方について論じている。最後に、ユニバーサルオーナーとは対照的な存在、株主アクティビストの企業に対する影響について検討し、現代の投資家資本主義の実態と課題を明らかにする。

　第1章では、株式会社の発展とコーポレートガバナンスに関する理論的な分析を提供する。主に、株式会社の起源、所有と経営の分離、企業の社会的責任、エージェンシー理論、そしてコーポレートガバナンスの諸側面について詳細に論じている。また、企業の社会的責任に関する米国の法学者バーリと経済学者ドッドの論争、機能主義的アプローチ、社会学的アプローチ、そして近年のコーポレートガバナンスの傾向についても考察する。

　第2章では、現代の金融システムの構造と機能について概観する。金融システムの基本的な役割として、資金の流れを促進し、経済活動を支えることが挙げられる。本章では、個人、企業、政府などの経済主体と金融システムの関わりに焦点を当て、それぞれの主体が金融システムにおいてどのような役割を果たしているかについて述べる。また、金融システム内のさまざまな

機関やその機能、歴史的な金融危機の例を通じて、金融システムの複雑さと影響力を示す。

第3章では、経済の金融化に焦点を当てる。金融経済の肥大化とその実体経済への影響、金融資産の蓄積の増加、資産運用会社の台頭、市場型間接金融の展開、そして超高速取引（HFT）の台頭と規制について述べる。金融経済の肥大化は実体経済にさまざまな影響を及ぼし、また金融取引技術の発達により高度なアルゴリズム取引が可能になる。さらに、世界の証券取引所の株式会社化と再編も加速し、現代経済における金融の重要性と影響力が増している。

第4章では、ESG（環境・社会・ガバナンス）投資とユニバーサルオーナー理論について論ずる。ESG投資の現状とその影響、さらにはESG投資戦略の種類とその進展に焦点を当てている。また、ユニバーサルオーナー理論の概念と、それが機関投資家の投資行動にどのように影響するかについても探求する。そしてESG投資市場の成長、機関投資家のエンゲージメントの役割、および投資戦略とパフォーマンスについて検討をする。

第5章では、サステナブル・ファイナンスとエンゲージドメントについて深く掘り下げる。サステナブル・ファイナンスの定義、その進化、および異なるステージ（SF 1.0、SF 2.0、SF 3.0）について示し、日本と他国におけるスチュワードシップ・コードとコーポレートガバナンス・コードの役割、およびこれらのコードとサステナブル・ファイナンスとの関連性について考察する。本章における焦点は、エンゲージメントの概念、その重要性と進化についての分析である。

第6章では、国内外の機関投資家によるエンゲージメントの事例を概観している。国内外の機関投資家のエンゲージメント手法、テーマ、成功と失敗の要因およびその効果に関して分析する。Norges Bank Investment Management、Legal & General Investment Management、野村アセットマネジメントなどの具体的な事例を紹介し、エンゲージメントの実践方法とその影響について検討し、責任ある機関投資家のエンゲージメントについて考

える。

第7章では、非財務関連のエンゲージメントとその企業価値創造について考える。特に、環境や社会、ガバナンスの要素に基づく機関投資家のエンゲージメントの重要性と、それと関連する企業価値に焦点を当てる。機関投資家は、企業に対して環境やダイバーシティに関する開示を要求していること、またそのような開示が企業の長期的な価値創造にどのように寄与するかについて、企業の開示事例も取り上げて考察する。

第8章では、資本市場と取締役会のダイバーシティ＆インクルージョン（D＆I）について分析をする。日本の女性活躍推進に関する政策や現状、女性の活躍を促進するための社会的および経済的な課題に焦点を当てる。また、米国および他国の取締役会におけるジェンダー多様性の進展とそれに関連する法的および文化的な要因を検討し、日本の状況と比較している。すなわち、資本市場とD＆I推進との関連について考察する。

第9章では、株主アクティビズムとBoard 3.0という新しい取締役会モデルについて分析する。日本企業に対する株主アクティビズムの影響について、オリンパスや川崎汽船などの事例をもとに考察する。Board 3.0は、より専門的で経営に深く関与する取締役会を目指し、株主アクティビストが提案する取締役の採用などを含む新しい取締役会の在り方である。日米のコーポレートガバナンスの違い、機関投資家の動向などについて検討したうえで、日本におけるBoard 3.0の可能性を検討する。

第10章では、日本企業に対する株主アクティビズムの影響について分析している。本章では、株式アクティビストの活動の歴史と、その活動が日本の企業経営や市場に与える影響に重点を置く。特に、株主アクティビズムの増加とその背景、日本の企業が株式アクティビストのターゲットになりやすい理由、株式アクティビストによる具体的な介入事例、そしてそのような介入が企業のパフォーマンスやガバナンスにどのように影響するかについて検討する。

# 目　次

## 第1章

## 株式会社の発展とコーポレートガバナンス論 ············ 1

## 第2章

## 現代の金融システムと金融主体 ······························ 17

第 **1** 章　**株式会社の発展と**
　　　　　**コーポレートガバナンス論**

# はじめに

　市場経済の担い手は株式会社である。近代的な株式会社、法律に従えば誰でも株式会社を設立できる形態は19世紀後半に英国、フランス、ドイツ、そして米国、日本へと普及していった。近代株式会社制度では、株式会社の最高決議機関は株主総会で、それは基本的に株主平等（一株一票）、資本多数決の原則によって運営される。株式の売買は自由であり、株式会社と証券市場は共に発展していった。

　本章では、株式会社の理論とコーポレートガバナンスに関して、株式会社の起源、理論的発展、企業の社会的責任、エージェンシー理論、コーポレートガバナンスの概念について説明する。株式会社がどのように進化し、経済システム内での役割がどのように変化したか、また所有と経営の分離、株主と経営者間の関係、コーポレートガバナンスの歴史、理論そして現代の課題にも焦点を当てる。

　株式会社が巨大化・多国籍化しその行動の影響力が大きくなると、株式会社の監督する方法も異なってくる。従来の所有権をもとにした会社法は、株主の立場から企業を監督することが議論されてきた。それゆえ、会社法の分野におけるコーポレート・ガバナンスの議論は社外取締役の役割など取締役会に関する問題、株主の権限など狭義の問題に絞られてきた。しかし、今日の巨大企業はグローバルに展開をし、一国家の法の枠組みで規制することは困難である。また、地球環境問題に対する責任も問われる存在にもなっている。このように幅広いステークホルダーに影響を及ぼす株式会社に対して、新たな監督システムが求められている。新しい監督システムにおいては、従来の枠組みを超えたコーポレート・ガバナンスシステムが必要である。

# 1. 株式会社の起源

　会社とは事業を行うのに、一個人の出資可能な範囲を超えて複数の個人の資金を合わせてつくる組織であり、個人の出資よりはるかに大きな事業規模で活動が行える組織である。この組織を作る方法として、古くは14世紀のイタリア、その後の英国など用いられた合本、合資会社の形態がある。合本会社は、英国の Joint Stock Company を日本語に訳したものであるが、この合本会社では株主は無限責任（無限責任とは出資者が自らの出資の範囲を超えて責任を負わなければならないことを意味する）を負う。つまりこれは、出資者が、会社の負債も含めた事業の責任をすべて負わなければならない形態である。合資会社では一部の株主は無限責任を負い、他の株主は有限責任を負う形態である。これは、出資の範囲を超えて責任を持つ経営陣と、責任が出資の範囲内に留められる一般株主との区別がつけられ、より資本を集めやすい形態である。

　合名、合資会社の形態を経て株式会社が誕生する。世界で初の株式会社は、1602年設立のオランダ東インド会社と言われている。株式会社形態では、すべての株主が有限責任を負い、また株式流通市場の成立を伴って出資金の資金を回収することができるため、最も出資金を集めやすい形態である。オランダ東インド会社は、有限責任、株式の譲渡性、さらに永続性を備えているという点において「株式会社の起源」と言われている。株式会社においては、必要資金が株式の発行という外部資金によって調達され、株主は有限責任となり、証券市場の発展とともに飛躍的に発展してきた。ここに株式会社は「万能の形態」と言われる所以がある[1]。20世紀に入り、株式会社は米国で飛躍的に発展した。株式会社が大規模な資金調達を必要としたことで、証券

市場も発達し、証券市場に上場するようになるとコーポレートガバナンスの問題が生じる。

---

# 2．株式会社の理論

## 2-1　株式会社の発展と「所有と経営の分離」

　20世紀は株式会社の時代と言われた。特に米国で株式会社は、巨額の資金調達、大規模な生産活動を行うようになり、株式会社の「所有と経営の分離」の問題が浮上した。米国の法学者バーリと経済学者のミーンズは[2]、1920年代の米国における株式保有状況分析を行い、株式会社制度が広範に普及していく過程で、経済力が集中し、株式所有が大衆化する、いわゆる「株式所有権の分散」現象に注目した。この現象が進むと究極的には、経営者が自らを会社のトップに選出し権力を握る「経営者支配」の形態が起こる。この現象は「所有と経営の分離」と呼ばれた。株主が広範に分散し、零細な株主が多くなると、経営に関心を示さない株主が増加する。株価の値上がり益にしか関心を示さない零細な株主が多くなり、株主総会は形骸化し、経営者が実質的に会社を支配することができる。経営者支配の株式会社においては、経営者の自己保身や経営者の暴走を止めるシステムが機能しなくなる場合がある[3]。このように大企業においては、ダイナミックな企業経営を行うと同時に、所有と経営の分離から起きてくる問題を考えなければならない。これが、後述するコーポレートガバナンスの問題である。近年では機関投資家の株式

保有比率が上昇し、機関投資家の影響力が大きくなっている。

　バーリとミーンズによる1932年の『近代株式会社と私有財産』においては、

「米国の株式会社が、私的事業の手段方法ではなく、１つの制度となった[4]。
（中省略）株式会社は株主の利益のために運営されなければならず、配分
される利益はすべて株主の手に渡るべきとするのが伝統的である。然しな
がら、我々は支配者集団が自分達の懐へ利益を流し込む力を持つかもしれ
ないということを知った。今では、会社が専ら株主の利益のために運営さ
れるということについては、もはや何らの確実性も存在しなくなった。
（中省略）株主は、会社は専ら彼らのために運営されるべきであるという
権利を放棄した[5]」

と、株式会社が経営者支配の状態にあることを示した。

---

# 3．企業の社会的責任とは？
## ― バーリとドッドの論争―

　短期的かつ投機的な少数の株主が増加していく中で、経営者の監督をどの
ように行うべきか、また会社の責任とはなにか、について米国の法学者バー
リと経済学者ドットは1930年代から論争を行っている。この議論は、法的な
側面からの現代企業の社会的責任に関するの議論の嚆矢となった。
　「会社権限は株主のために信託された権限であり、会社の責任は株主に対
してのみである[6]」と主張したバーリに対して、ドッドは下記のように問題
提起をしている。

「会社が株主の利潤追求という単一目的のために存在することを、さらに強調することは好ましくない。究極的に法を創造する世論は、会社を利潤追求機能と同様に社会奉仕機能をも有する経済制度と解するようになってきている。そして、この見解は、すでに法理に影響を与えており、近い将来、利潤追求機能に大きな影響を与えそうである[7]。」

　ドッドは、会社は株主の集合体ではなく「制度（Institution）」として捉えている。法律は、この制度の経営者がもっぱら株主の利潤のために活動すべきことを前提としてきたが、これは世論の変化によって変更されることを強調した[8]。

　企業の社会的責任を巡る法的な議論は、バーリの会社権限を株主のために信託された権限であるか、ドッドの社会全体のために信託された権限であるかというの2人の論争に初まる。会社はもっぱら株主の利潤のために活動すべきこと前提とされてきたが、その論理は社会の変化によって変わることを示している。1932年のバーリ・ミーンズの共著書の出版後、ドッドはバーリの説に譲歩を示した。しかしその後、「20世紀資本主義革命[9]」において、バーリはドッドの主張の正当性を認め、さらに現代株式会社の取締役は、利潤極大化のためにビジネス起業を運営するにとどまらず、コミュニティシステムの管理者として事実上も法律上も認識されている[10]、と結論している。

　上記の議論は昨今のステークホルダー資本主義を考えるうえでもまったく色褪せない。米国では2018年のビジネスラウンドテーブルの見解でマルチステークホルダーモデルが採用され、それまでの株主価値極大化主義からの大きな転換と位置付けられている。しかし実は、1930年代からバーリ・ドッド論争に見られるように、「制度」としての株式会社が議論されていきたのである。では、なぜその後の米国では株主価値極大化主義が支配的な議論となっていったのであろうか。

# 4. エージェンシー理論

1970年代は SEC（Securitise and Exchange Commission：1934年に設立された米国証券取引委員会。投資家保護と市場整備の役割を担う政府機関）の調査が示すように[11]、機関投資家の株式保有が増大し「証券市場の機関化」現象が大きく進んだ。ここで機関投資家のような合理的な投資家が、なぜ所有と経営が分離し、経営者がその資本を自己満足のために使う可能性のある企業に投資する理由が問われた。

それに答えるべく新たな理論が組織論やファイナンス論から出現した。いわゆるエージェンシー理論である。それは、株式会社は「契約の束」で成り立っており、企業は株主、経営者、債権者、従業員、取引先、顧客、国、地方等の利害関係者間での契約関係の集合体であることを前提としている。その中で、株主は専門経営者を雇い企業経営を委託するが、経営者は常に株主の利益に適った行動をとるとは限らない。そこで、経営者はその契約に基づいた監視を受けるというものである[12]。これは、Coase（1937）[13]、Jensen and Meckling（1976）[14]、Fama and Jensen（1983a; 1983b）[15]によって展開された企業の契約理論をベースにしたものである。この理論はドッドのいう株式会社を「制度」として捉える考え方であるが、効率的な市場で形成される株価が経営者を監視する手段として最も効率的な手段であり、その結果として株主利益が最も重視される点が特徴である。

この理論においては、経営者は株主（本人）から経営を委託されたエージェント（代理人）であり、コーポレートガバナンスは、出資者である株主がその投資収益を確保するシステムであるとされる。そこでは、株主がいかに経営者をモニタリングするかが第一義的な課題となる[16]。株式市場は、企

業パフォーマンスに関して継続的な評価を行っており、経営者はこの評価を常に意識して経営を行う必要がある。1970年代と80年代にこの理論は、米国において株式会社、とくに上場企業のベーシックな考え方となった。企業経営者は、株主価値の最大化を使命とし、それをコーポレートガバナンスの目標として確立する必要がある。そしてこの経営者行動は株式市場から株価によって瞬時に判断される仕組みとなっている。

　このような企業理論は機能主義アプローチと呼ばれ[17]、米国を中心にコーポレートガバナンスやファイナンスの世界において広く普及した。さらに機能主義アプローチは、企業の機能を説明するにとどまらず、会社法や証券取引法の機能を理解するためにも用いられた。つまり企業に関連する法律は、株主価値最大化のための枠組み・機能として捉えられるようになったのである。経営者は株主価値を最大化するという観点から、上場する市場を選択することができる。こうしたアプローチは、証券市場間競争の理論的根拠ともなった。また投資銀行、外部会計監査人、取締役会、テイクオーバー市場などの他の機関や制度も株主価値最大化のための機能として捉えられた。ここでは株式価格がすべての価値判断の基準となった。その根拠は情報の非対称性が限りなく小さくなることによって正当性が証明される「効率的市場仮説」にある[18]。市場の効率性に関して批判的検討もなされたが、株主価値の最大化を株式会社の究極的な目標とする機能主義アプローチは1980年代の支配的フレームワークになった。

# 5．エージェンシー関係

　エージェンシー関係とは、1人ないし複数の人間が他の人間に意思決定の権限を委譲することによって、自らの利益のための労務の実施を委ねた一種の契約関係のことである。権限を委譲する依頼側をプリンシパル（本人）、権限執行を任されて代理をする側はエージェント（代理人）と呼ばれる。株式会社では、株主はプリンシパル、経営者がエージェントとなる。他にも、スポーツの世界では、よく知られているように、プロスポーツ選手がプリンシパルで、その選手に委託された代理人、すなわち、いわゆるエージェントが、所属するチームとさまざまな契約交渉を行っている。

　株主は、企業のさまざまな経営資源の利用についての意思決定を経営者に委託しているが、情報の非対称性が存在する場合には、株主が経営者の行動を完全に把握することはできない。エージェンシー・コストとは、プリンシパルとエージェントとの関係を安定化させて、企業価値を最大化させるための必要なコストであると考えられる。エージェンシー・コストはボンディング・コスト、モニタリング・コスト、残余コスト（残余損失）の3種類に分けて考えられる。

　ボンディング・コストとは、エージェントのシグナリング・コストとも捉えることができる。これには、プリンシパルとエージェントとの間の情報の非対称性を軽減するために、エージェントが試みるすべての努力が含まれる。具体的には、エージェント自身の行動がプリンシパルの利益追求に適っていることを証明するためにエージェント自らがかけるコストであり、たとえば経営者が財務諸表作成やIR（Investor Relations：インベスター・リレーションズ）等を含めた情報開示に費やすコストが挙げられる。

次にモニタリング・コストとは、プリンシパルのコントロール・コストとも捉えることができる。情報の非対称性を緩和させるために、プリンシパルが実施するすべての努力のことであり、エージェントがプリンシパルの利益に沿った行動をしているかをモニタリングするためのコストである。具体的には、プリンシパルである株主は、社外取締役や会計監査人を通して、エージェントである経営者を監視するが、これに対してかかるコストがコントロール・コストである。

最後に残余コストとは、プリンシパルがエージェントと同じ情報と能力を持っていたら行っていたであろう意思決定と異なる決定を、エージェントが行うことによって、プリンシパルが被る価値の損失を言う。

これらの3つのコストがエージェンシー・コストの総和と考えられている。この理論に基づけば、株主はエージェンシー・コストを縮小するように、取締役会のメンバーを選出し、エンゲージメントを行うのである[19]。

# 6. コーポレートガバナンス

コーポレートガバナンスとは、株式会社という組織において、アカウンタビリティ[20]（説明責任）を求めるシステムである（**図1-1**）。巨大株式会社においては所有と経営が分離し、経営者が会社の意思決定を行う権限を持つようになる。先のドッドの考えによると、株主としての権利を放棄した株主は他のステークホルダーズと同列となり、他のステークホルダーを含む社会全体に対する責任を果たす必要がある。

しかし機能主義アプローチでは、アカウンタビィリティは、資本の拠出者

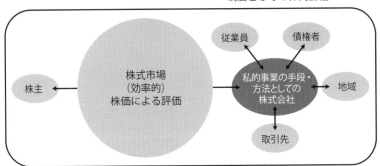

**図1-1　広義のコーポレートガバナンスの概念図**

制度としての株式会社

株式市場
（効率的）
株価による評価

株主

従業員

債権者

私的事業の手段・
方法としての
株式会社

地域

取引先

出所：筆者作成。

である株主に対して果たさなければならない。効率的な株式市場という評価制度があるがゆえ、株主と会社との契約は特別となる、ということである。このコーポレートガバナンス論における課題は、株式市場を通じて経営者の株主に対するアカウンタビリティをいかに遂行させるかということに集約される。すなわち、会社の意志決定は合議体である取締役会が行うが、経営から遠ざけられた株主の意思を反映させるために、会社経営に対する監督是正権の強化がコーポレートガバナンスの主要な課題となる。

　このようなシステムにおいて企業のアカウンタビリティは、取締役会の監督を通した形で要求される。今日の米国会社法における取締役会制度は、業務執行体制として執行委員会制度を採用し、取締役会はそれを監督する権限を持つ。取締役会は、独立した判断能力のある人によって構成され、機能する委員会を有する取締役会がコーポレートガバナンスの鍵となる。日本やドイツにおいては、取締役会のほかに監査役会の設置も認められる二元性をとっている。日本においては、米国型の指名委員会等設置会社、監査役会設置会社、監査等委員会設置会社の3種類の機関設計が採用されている。

# 7．社会学的アプローチ

　効率的市場仮説に基づくCAPM（資本資産価格モデル）は、現在もファイナンスの実務界において支配的な理論として使用されているが、1980年代以降のアカデミアにおいては、市場のアノマリーが議論され効率的市場仮説に対する信頼が薄れていった。一方で、株式会社は株主価値の極大化を唯一の目的として運営されるべきであるという説は、投資家、経営者、政策当局の間に拡大していった。このような機能主義的なアプローチの拡大に対して、このアプローチは社会構造や政治の影響を排除した世界であるとの批判が、組織論や社会学の分野で起こり、効率的市場仮説に対する批判的検討がなされた。

　1990年代後半には、社会学の研究者たちは狭義のコーポレートガバナンス、取締役会の構成に焦点を当てた研究で効率的市場仮説批判を展開していった。企業行動に関して権力のバランスで捉えるアプローチとしては、Mills（1956）の *The Power Elite*[21] がある。1980年代の社会学的アプローチでは、同様なアプローチでCEOと取締役、取締役間の権力関係、役員報酬などの各論で効率的市場仮説批判が展開されていった[22]。

　社会学的アプローチの別の研究として、株主構成と変化が企業経営に与える影響が分析されてきた[23]。ファンドマネージャーが株式会社運営に及ぼす影響は大きくなっていることを示した Michale Useem（1996）の *Investor Capitalism: How Money Managers are Changing the Face of Corporate America* が代表的な研究である。

　1990年代以降、経済活動のグローバル化、クロスボーダー投資の増加、旧社会主義国の資本主義化などを背景に各国のコーポレートガバナンス・シス

テムは政治的要因により形成されるという研究が出現した。1994年に刊行された Mark Roe の *Strong Manages, Weak Owners* はその代表作である。Roe は米国のコーポレート・ガバナンスの形成要因として、金融に関する法律の影響を歴史的に論じた。その後コーポレートガバナンスを形成するのは、法律そのものではなく、政治システムであると結論付けている[24]。

近年の経済グローバル化により、ヒト・モノ・カネが国境を自由に越え移動する状態では、国家の権限は弱まり、大規模な多国籍企業の権力が強まる。そのため、国家に対して市民運動が起こるように、株式会社も社会運動や集団行動の対象なる、という社会運動のアプローチで株式会社を捉える研究もある[25]。

国家と株式会社のバランスオブパワーのシフトは、別の観点から見ると、国家と株式会社の双方が、「消費者」と「投資家」を管理する必要があり、また双方とも社会運動の対象になる点で共通点を持つ。国家は、国際的な投資家の短期的な行動によって翻弄される危険性があり、また多国籍企業の意思決定は、各国の消費者によって左右されることもある。

# 8．まとめ

米国の経営者団体のビジネスラウンドテーブルは、1978年の設立以降、一貫してコーポレートガバナンスの目的を株主価値最大化としてきたが、2019年にこの方針を大きく転換し、従業員や地域社会などの利益を尊重した事業運営に取り組むと宣言した。株価上昇や配当増加など投資家の利益を優先してきた米国型の資本主義にとって大きな転換点となった。

また、英国で2010年に制定されたコーポレートガバナンス・コードでは、コーポレートガバナンスの目的を以下のように定義している。

　　「コーポレートガバナンスの目的は、会社の長期的な成功をもたらすことを可能とする効果的で企業家精神に富み、注意深い経営を促進することにある。それによって会社を方向付け、制御するためのシステムである。会社の取締役会が何を行い、いかに会社の価値を設定するかに関わるものであり、常勤経営陣が行う日常的な経営管理とは区別されるべきものである[26]」

とし、短期的な株主第一主義とは一線を画している。
　わが国においては、戦後長らく株式の持ち合い、メインバンクによる株式保有の比率が大きく、「所有と経営の分離」から生ずる問題は顕在化してこなかった。つまり、日本企業のチェック機能は銀行が果たし、内部昇進による従業員が経営者となり、従業員を大切にするのが日本型コーポレートガバナンスと言われてきた。しかし1990年代半ばより外国人投資家持ち株比率の上昇、メインバンク制の崩壊により、わが国においても「所有と経営の分離」の問題から生じるコーポレートガバナンスの問題が論じられるようになった。
　近年、米国のビジネスラウンドテーブルのように、広義の意味でコーポレートガバナンスを捉える考え方が浸透してきた。ここでは、株式会社は社会のさまざまなステークホルダー（利害関係者）と接点を持っており、その中で株式会社がどのように運営されるべきかという問題として捉えられている。また、証券流通市場において株式を転々売買する株主は、「匿名の誰か」であり、この意味においても株式会社はパブリックな存在として捉えられる。近年株式会社は、短期的な株主の利益を最優先させるのではなく、ステークホルダー全体への配慮が必要であるとする考え方が拡大しており、ステークホルダーとのエンゲージメントを重視する傾向にある。

(1) 大塚久雄（1969）。

(2) Berle and Means（1932）。

(3) Managerialism Economist と呼ばれた Marris（1964）は利益ではなく成長を第一優先に考えて経営される企業をそのモデルとしてあげている。

(4) Berle et al.（1932），p.1.

(5) Berle et al.（1932），pp.423-424.

(6) Berle, A. Adolf（1931）の要約は森田（1978），p.13. を参照されたい。

(7) Dodd（1948），p.1148.

(8) Dodd（1948），p.1163.

(9) バーリ（1956）。

(10) A. A. Berle, Forward to The Corporation in Modern Society at xii（Mason ed., 1960）.

(11) SEC Institutional Investor（1971）.

(12) Mann（1965）は、「会社支配のための市場」の存在をあげ、投資家が経営に不満足な場合、保有株式売却を選択する可能性がある。それに伴う価格下落により、企業買収の標的となり、非効率な経営を行う経営者は淘汰されることを述べた。

(13) Coarse, Ronald（1937）.

(14) Jensen Michael and William Meckling（1976）.

(15) Fama, Eugene, and Michael Jensen（1983a）.

(16) Shleifer Andrei and Robert W. Vishny（1997）.

(17) Davis（2005），p.146.

(18) Jensen（1988）.

(19) 境（2020），pp.178-193。

(20) アカウンタビリティとは、財産の管理の委託者と受託者の関係において使用される概念である。財産の所有者からその管理を委託された者が自己のアカウンタビリティ（説明する義務）を明らかにするために、委託者へ報告をすることが義務付けられている。一般的にアカウンタビリティとは、「組織の中において、①誰が、②誰に対して、③どのような手段で説明するのか、という行動の根拠を示すものであり、権限を委譲した者と権限を行使する者との権利－義務関係において、課責（charge）－応答責任（responsibility）－説明責任（accountability）－免責（discharge）のプロセスの中に位置付けられる。すなわちアカウンタビリティは、正当な権利

を有する者の要求に基づくものであり、権限を行使する者は、アカウンタ
ビィリティによって行動の自由に一定の制約が課されることになる。した
がって、アカウンタビィリティはあくまでも権限を行使する者に課される
責任であり、正統性（legitimacy）の確保・維持に不可欠となる」とされる。
三和（1999）、p.108。

(21) Milles, C. Wright（1956）.

(22) Gulati and Westphal（1999）.

(23) Davis and Stout（1992）.

(24) Roe（1994）.

(25) Davis et al.（2005）, p.337.

(26) 金融庁『英国・コーポレート・ガバナンス・コード（仮訳）』（https://
www.fsa.go.jp/singi/corporategovernance/siryou/20140807/06.pdf）。

第 **2** 章　**現代の金融システムと金融主体**

# はじめに

　金融システムとは、さまざまな主体、機関、サービス、手段からなるネットワークであり、これらの主体間の資金の流れを促進するものである。銀行は、個人が不動産市場に参入したり、企業が事業を開始し成長するために、融資という形で資本を提供する。銀行や年金基金は、個人が老後の生活の安定確保のために、将来のために資金を準備することを可能する。証券会社や資産運用会社などは、過去の情報を基に将来の企業業績を予測することで、最も効率的な経済活動に資本を誘導する役割を果たしている。保険会社は、経済的ショックや予期せぬ事態に直面する人々や彼らを雇用する企業に対してリスクを回避する手段を提供する。

　金融システムは、これらの基本的な機能を持つが、現代においては金融取引量が肥大化し、相互に関連する各主体の複雑なネットワークへと発展している。その結果、生産、雇用、消費といった実際の活動を基にする「実体経済」と、株式や債券、複雑化する金融商品、金融取引を基にする「金融経済」の間に大きな差が生じるようになる。金融経済は時として、その資金を保有し管理する実体経済の人々に役立っていないように見える。

　歴史上、富を得ようとする試みは、実体経済を通じて行われただけでなく、実際の財やサービスに基づかない金融投機を通じて行われたこともある。1630年代に起きたオランダのチューリップバブルや、1720年の英国の南海泡沫バブル、1929年のウォール街大暴落、1990年代後半のドットコムバブル、2008年のリーマンショックとそれに続く金融危機などは、金融システムの価格が実体経済から大きく乖離した例である。これらの歴史的なバブルとクラッシュは、金融経済に端を発したものであるが、いずれも実体経済に多大な影響を与えた[1]。本章では、各経済主体について金融システムの関わりとその役割について考察する[2]。

(1) バブルについては、Galbraith（1994）を参照。
(2) 金融システムの各主体と役割について、ケンブリッジ大学 Institute for Sustainability Leadership の Sustainable Finance コース資料を参考している。

# 1．経済主体と金融システム

　実体経済は、個人、企業、政府で構成される。これらの経済主体は、金融システムにおいて二重の役割を担っている。各主体は一方では、貯蓄や投資するための資金や保険をかけるための財産を持つ黒字主体であり、他方では、短期信用、株式、融資、保険などの金融にアクセスをする赤字主体でもある。

## 1-1　個人

　個人は、さまざまな形で金融システムと関わりを持っている。どのような関わり方をするかは、その人の所得水準や住んでいる地域によって異なる。銀行口座を持つ、年金保険料を支払う、住宅ローンや車の購入のために資金を借りる、貯蓄を株式などに投資する、クラウドファンディングで企業に直接投融資をする、などである。富裕層は、投資を行うためにファミリーオフィスや財団を設立することもある[1]。

## 1-2　企業

　企業は、金融部門と数多くの取引を行っている。日々の銀行業務、保険料の支払い、運転資金や事業拡大のための資金調達など、さまざまなニーズがある。企業の成長段階や特質に応じて、資金を様々な供給源から調達することができる。たとえば、社会にプラスのインパクトを与える社会的企業は、ファミリーオフィスや財団など、思いを共有する投資家からの資金調達が可能である。ベンチャーキャピタルは、比較的実績のない事業に対してリスク

を取り、そのうちの何割かが成功することを期待するものである。また、特定のインフラ・プロジェクトの資金を、実物資産を担保にした長期融資を提供できる銀行から調達する企業もある。さらに証券取引所などで株式や債券を発行する企業も存在する。

　また企業は、自社の業績や ESG（Enviromment［環境］・Social［社会］・Governance［企業統治］）に関する情報などを提供することで、金融システムとの関わりを持つ。このようなデータの質（社会・環境問題に関する情報を含む）は、投資の意思決定にとって重要である。企業で IR（Investor Relation）業務を行う人々は、このような情報を利用可能にするために重要な役割を担っていると言える。

　新規公開株（IPO：Initial Public Offering）の目論見書作成など、企業が資金調達の戦略を立てる際に、証券会社の引受部門や投資銀行と連携することもある。ここでも ESG に関する情報の質（将来のリスクや機会など）が重要な要素になる。

## 1-3　政府

　政府は、財やサービスを提供するための公的支出を賄う必要がある。税金から得られる資金だけでは不十分であるため、そのための資金を調達する必要がある。そこで、政府は債券を発行し、投資家に購入してもらう。債券の金利は、投資家がその政府の債務返済リスクをどのように認識するかによって決まる。

# 2. さまざまな金融主体

 ## 2-1　アセットオーナー

　アセットオーナーは、年金基金、保険会社、銀行、ファミリーオフィス、財団、政府系ファンドなどで構成される。個人、企業、政府からの資金の法的所有者となり、これらの資産を直接管理する、もしくは投資運用を資産運用会社などに委託する。Thinking Ahead Institute[2]の2022年度の調査によると、世界の上位100のアセットオーナーは合計で25.7兆ドルを所有している。年金基金は世界最大のアセットオーナーグループであり、総資産の56%を保有している。次に前年から2%シェアを伸ばしている政府系ファンドが37%の保有比率である。日本の年金積立金管理運用独立行政法人（GPIF）が依然として世界最大の資産保有者（1.7兆ドル）であり、これに2大ソブリン・ウェルス・ファンドのNorges Bank Investment Management（1.4兆ドル）と中国投資有限責任公司（1.2兆ドル）が続いている[3]。

### ◆年金基金

　アセットオーナーのうち、最も資産額が大きいのは年金基金である。年金基金は、国または民間が運用主体となるが、そのいずれであっても、個人から資金を集収し、退職後に加入者にとって最良の結果を生むように運用するものである。年金基金には2つのタイプがある。

・確定拠出型年金（DC プラン）は、年金加入者が決められた金額を払い込み、それを運用し、その運用成績によって年金の支給額が決まるものである。
・確定給付型年金（DB プラン）は、年金加入者が運用成績にかかわらず一定額の支払いを保証されるものである。

　年金資金は、加入者の資産を管理・運用する受託者義務を負う年金基金受託者によって管理されている。この受託者義務については、年金基金の受託者は加入者のために財務的リターンを最大化しなければならないと解釈されてきた。しかし、近年においては将来ポートフォリオの評価に影響を与える可能性のある長期的な社会・環境問題にも配慮すべきという議論もあり、各国ごとにその解釈は異なる。詳細は第6章にて述べる。

## ◆保険会社

　保険会社は、アセットオーナーの中で2番目に大きなグループを形成しており、その資産は顧客から受け取る保険料で構成されている。保険会社の役割は、死亡、病気、天候、事故、その他予測不可能な出来事によるリスクに際して、人々に経済的保護を提供することである。保険は一般的に「生命保険」と「損害保険」に分類され、健康保険、傷害保険、自動車保険、旅行保険、損害保険、災害保険、住宅ローン、信用保険など様々な種類が含まれる。保険会社は、さまざまな金融商品に投資しているが、主に債券で運用しておりその比率は約75〜80％と言われる。

## 2-2　商業銀行

　商業銀行は、金融仲介者として、そして資産運用者としてなど、複数の役割を担っている。商業銀行の主な役割は、以下のとおりである。

| 図2-1 | 世界の資産規模上位銀行 |

単位：兆ドル

出所：S&P Global（2023）"The world's 100 largest banks, 2023".

・預金者から預かった預金を企業などへの融資に組み替え、個人貯蓄者の小口預金と資金を必要とする企業とのマッチングという重要なサービスを提供している。

・資金を借りようとする企業の信用度を分析するクレジットアナリスト業務を行う。これは、一般の小口の預金者が行うことは困難な業務である。

・銀行は多くの資金を受け入れ、貸し出しを行っているため、貸し出しのリスクをさまざまな企業や経済分野に分散させることができる。

図2-1は、資産規模別に見た世界の上位15銀行である。世界の4大銀行は、それぞれ4～5兆ドルの資産を持つ中国の国有銀行である。また、トップ15には、日本、米国、欧州の銀行が含まれており、三菱UFJフィナンシャル・グループ（日本）、バンクオブアメリカ、JPモルガン・チェース（米国）、HSBC（英国）、BNPパリバ（フランス）が名を連ねている。これらの銀行の資産規模はそれぞれ2～4兆ドルである。

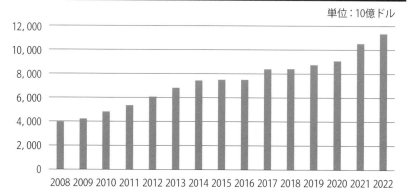

**図2-2** 政府系ファンド（SWF）の資産残高の推移（2008年〜2022年）

単位：10億ドル

出所：Global SWF（2023）, Global SWF-2023 annual report, p.52.

## 2-3　ソブリン・ウェルス・ファンド

　国家の金融資産を運用する政府系ファンドであるソブリン・ウェルス・ファンド（SWF）は、中央銀行の準備金、民営化によって調達した資金、天然資源などの国家資産から政府が受け取るロイヤルティやその他の収入からの資金を運用している。その目的は、資産運用の利益を将来の世代と共有することである。2008年のSWFの総資産残高は4兆ドルであったが、2022年には12兆ドル近くにまで伸長している（**図2-2**）。

　**図2-3**は、SWFが運用する資産構成の推移を見たものである。株式と債券比率は、それぞれ30％前後で推移しているが、従来の株式や債券などの伝統的資産の代替として新たな投資手法・スキルや新たな資産に対して投資するオルタナティブ運用、とくに流動性の低いオルタナティブ資産残高の増加が看取できる。これはインフラや農地などのオルタナティブ運用比率の増加を反映している。

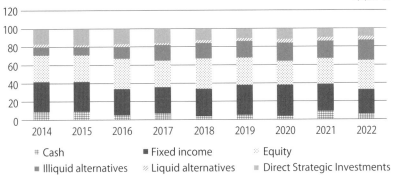

**図2-3　SWFの運用資産構成の推移**

単位：％

- # Cash
- ■ Fixed income
- ░ Equity
- ■ Illiquid alternatives
- ▨ Liquid alternatives
- ■ Direct Strategic Investments

出所：Global Sovereign Asset Management Study（2022），p.5.

## 2-4　ファミリーオフィスと財団

　一部の富裕層は未公開株、ベンチャーキャピタル、ヘッジファンドに直接投資をしており、投資コンサルタント、証券会社、プライベートバンク[4]、ファンドオブファンズ[5]、マルチファミリーオフィス[6]、登録資産運用会社、ロボアドバイザー[7]などの金融仲介業者を通じて金融市場に資金が向けられている。

　多額の資産を持つ個人は、ビル＆メリンダ・ゲイツ財団のように、投資を行うための独立した組織（ファミリーオフィス）を設立する。また、慈善事業を目的とした私立財団を設立することもある。ウォーレン・バフェットなどのファミリーオフィスは世界的にも知られている。日本でもゲーム機器を製造・販売する任天堂株式会社の創業家ファミリーオフィス、Yamauchi-No.10 Family Office がある。また、株主アクティビストとして有名な村上世彰の村上財団などもある。

## 2-5　資産運用会社および金融仲介会社

　アセットマネージャーと呼ばれる資産運用会社やその他の仲介者（投資コンサルタントやファイナンシャル・アドバイザーなど）は、個人やアセットオーナーへの資金運用に関するアドバイス提供や受託資産の運用を行うなどの役割を担っている。アセットマネージャーや金融仲介業者は、バイサイドとセルサイドに分かれる。


・バイサイド：
　アセットオーナーの資産を受託運用する側であり、アセットマネージャー、投資コンサルタント、ファイナンシャル・アドバイザーなどが含まれる。
・セルサイド：
　株式、債券、外国為替などの金融商品など、投資家に販売する商品の組成を支援するもので、証券会社や投資銀行などが含まれる。

## ◆アセットマネージャー

　アセットマネージャーは、アセットオーナーから資金運用を受託し、資産運用業務を行っている。資産運用会社は、顧客に対して受託者責任を負っており、顧客が機関投資家であれ個人であれ、顧客の利益のために行動することが法律で義務付けられている。個人投資家が投資信託を購入する場合、資産運用会社が個人投資家の資金をプールし、分散投資と流動性を活かした運用を行うことができる。世界最大の資産運用会社であるブラックロックは、運用資産額は2023年3月で約9.6兆ドルであり、次のバンガード・グループは、同時点での運用資産額は8.1兆ドルである[8]。

　資産運用方法は、主にアクティブ運用とパッシブ運用に分けられる。アク

ティブ運用の場合、資産運用会社は銘柄の分析・選定や企業とのエンゲージメント等において、積極的な役割を果たすことが求められる。一方、パッシブ運用はS&P500やTOPIXなどのインデックスのパフォーマンスを追跡・再現することが求められる。運用対象としては上場株式のほか、プライベートエクイティ・ファンドやベンチャーキャピタル・ファンドが運用を行うこともある。ベンチャーキャピタル・ファンドは、アーリーステージの成長企業に投資するファンドである。このような伝統的な株式や債券のカテゴリー以外の資産は、一般にオルタナティブ資産と呼ばれている。

## ◆投資コンサルタント

投資コンサルタントやファイナンシャル・アドバイザーなどの金融仲介業者は、アセットオーナーなどに資産の配分方法をアドバイスする役割を担っている。投資コンサルタントには、富裕層に向けた総合的な資産管理サービスを行うウェルス・マネージャーや、機関投資家向け年金基金コンサルタントが含まれる。

- ・ウェルス・マネージャーは、富裕層の資産運用のポートフォリオを一任され、投資に関するアドバイスと資産管理を行う。
- ・機関投資家向け年金基金コンサルタントは、アセットオーナーが運用方針と管理方法を策定し、実施するのを支援する。

これらの投資コンサルタントは、投資戦略の重要なゲートキーパーとなる。世界最大の投資コンサルタントには、マーサー、タワーズ・ワトソンなどがある。

## ◆ファイナンシャル・アドバイザー

　ファイナンシャル・アドバイザーは、日本ではあまり馴染みがないが、欧米では独立した金融仲介機関として存在している。個人（リテール）投資家に対して、現金や投資信託の投資についてアドバイスする機関である。米国では、SEC（米国証券取引委員会）に登録するするアドバイザーが登録投資顧問（Registered Investment Advisor：以下、RIA）と呼ばれている。RIA は、金融のプロフェッショナルとして投資家に対して責任を持つことが求められ、金融市場での信頼性と透明性を保つ役割を果たしている。RIA は、富裕層の投資に関するアドバイスやポートフォリオの管理を行う個人または企業である。

　ロボアドバイザーは、証券会社などが行っている AI（人工知能）を活用して、投資診断や投資アドバイス、運用などを行うサービスで、自動化された投資顧問プラットフォーム、すなわち最小限の人的介入でアルゴリズムによる低コストのサービスを提供している。

## ◆投資銀行

　投資銀行は、取引に関するアドバイザリーサービスを提供し、M&A のための資金調達を支援する。セルサイド・リサーチを行い、特定の企業や業界の見通しを分析する。投資銀行は自己勘定などで資産運用も行うが、ビジネスの大部分はアドバイザリーサービスを提供することである。米国の大手投資銀行には、JP モルガン・チェース、ゴールドマン・サックス、モルガン・スタンレー、バンクオブアメリカ証券、シティグループなどがある。

## ◆証券会社（ブローカー・ディーラー）

　証券会社は、自己勘定または顧客の代理として株式や債券などの取引を行う組織である。米国ではブローカー・ディーラーと呼ばれるが、日本では証券会社と呼ばれている。日本の総合証券会社は、ブローカー・ディーラー業務と投資銀行業務を行っている。ブローカーという用語は、顧客（通常は個人または組織）に代わって行われる取引を指し、ディーラーは、個人または組織の自己勘定で行われる取引を指す。資産総額で世界最大のブローカー・ディーラーは、フィデリティ・インベストメンツ（2023年の運用額は11.1兆ドル）、次にチャールズ・シュワブ（同7兆ドル）が続く。

## ◆証券取引所

　投資家は、株式市場に接続して投資対象（最も一般的なのは上場企業の株式）を売買することができる。証券取引所は、買い手と売り手が出会うプラットフォームや、上場株式の価格発見機能を有する。さらに価格や出来高を確認できるシステムを提供し、投資家が株式や銘柄を売買できるようにサービスを提供する機関である。また、S&P500、FTSE100、TOPIX などのように株価指数を示す役割も果たしている。

# 3．その他の主体

## 3-1　規制当局

　金融システムにおける規制当局の役割は、公正で効率的な市場を支援し、安定した取引を促進することである。特に、金融サービス提供者の能力の確保、市場における不正な操作の防止、不祥事の調査・起訴などがその役割である。金融規制は国によって異なるが、ほとんどの国では、主要な金融規制当局は中央銀行（米国では FRB：米国連邦準備制度理事会）である。国によっては、金融機関の種類によって規制当局を分けているところもある。たとえば、米国の証券取引委員会は、証券取引所が公正かつ透明な方法で運営されること、企業が投資家が十分な情報に基づいた意思決定を行えるように定期的に報告することなどを管轄している。日本では、このような役割を担う規制当局は金融庁である。英国のプルーデンス規制機構（PRA）や金融行動監督庁（FCA）によるプルデンシャル規制や EU の欧州銀行監督局（EBA）といった別組織は、銀行のストレステストの実施など、銀行の安定性に関連する役割を担っている。

## 3-2　金融データプロバイダー

　金融サービス業界は、量・質ともに最良かつより速いデータを入手・提供することで存続している。データプロバイダーは金融システムにおいて重要な役割を担っており、金融データプロバイダーのトップ2は、ブルームバー

グとトムソン・ロイターである。ESG データの需要が飛躍的に高まる中、従来のデータプロバイダーは現在、MSCI、RepRisk、Sustainalytics といった主要な ESG リサーチ会社と競合している。また、CDP、ISS-oekom、South Pole、Trucost、Vigeo Eiris など、特定の ESG リサーチを扱う専門企業も存在する。

## 3-3 　格付機関

　格付会社は、社債、国債、地方債、債務担保証券（CDO）などの債務商品の信用格付を提供している。格付会社による商品のリスク評価は、市場における商品の価格決定において重要な要素である。格付会社ムーディーズはS&P とともに格付市場の75％に相当する業務を行い、同じくフィッチの業務は17％を占めている。従来、MSCI のような少数のインデックスプロバイダーや、Sustainalytics、Vigeo Eiris のような少数の専門データプロバイダーが、ESG 要素に関する企業のパフォーマンスについて評価を提供してきた。近年伝統的な格付会社もこのような非財務情報に基づく格付分野へも展開している。たとえば、ムーディーズは2019年に Vigeo Eiris を買収し、S&P グルーバルは、RobecoSAM から ESG レーディング事業を取得し、独自のESG 格付会社を設立した。

## 3-4 　国際基準設定機関

　国際基準設定機関は、資本市場の発展や監視において重要な役割を担っている。それらは、財務・非財務報告、会計基準に関する国際協力の基準、すなわちソフトローづくりに関与することができる。国際基準設定機関の例としては、以下のようなものがある。

- バーゼル銀行監督委員会（BCBS）
- マネーロンダリングに関する金融作業部会（FATF）
- 金融安定理事会（FSB）
- 国際会計基準審議会（IASB）
- 国際通貨基金（IMF）
- 証券監督者国際機構（IOSCO）
- 経済協力開発機構（OECD）
- 世界銀行

　IASBは国際会計基準を策定・発行する機関であるが、この中に設置された国際サステナビリティ基準審議会（ISSB）は、2023年6月に、サステナビリティに関する情報開示の基準IFRS S1号およびIFRS S2号を公表した。

# 4．まとめ

　金融システムは、実体経済のアクター（個人、企業、政府）、アセットオーナー、アセットマネージャー、金融仲介者、その他のアクターという要素から構成されている。各主体は、現在の金融システムにおいて特定の役割を担っており、各々が複雑なネットワークを構成している。現代の金融システムは、このような構成者によって成り立ち、様々な金融主体間の資金の流れを促進する役割を担っている。

(1) ビル・ゲイツやウォーレン・バフェットなどのファミリーオフィスは世界的にも知られているが、日本でもゲーム機器を製造・販売する任天堂株式会社の創業家のファミリーオフィス、Yamauchi-No.10 Family Office がある。また、株主アクティビストとして有名な村上世彰の村上財団もある。

(2) Thinking Ahead Institute（TAI）は、約90の投資関連組織が協力し、2015年に設立した非営利の研究団体である。

(3) The Asset owner 100-2022（https://www.thinkingaheadinstitute.org/news/article/largest-asset-owners-in-26-trillion-record/?_thumbnail_id=12875）.

(4) 富裕層向けに金融サービスを提供する機関や業務。

(5) 投資ファンドの一種で複数の投資ファンドに投資を行うマザーファンド。

(6) 複数の富裕層の家族向けに金融サービスを行う機関や組織。

(7) 人間による投資アドバイスサービスではなく、ロボットによるアルゴリズムなどを用いた金融アドバイスや資産運用を行うプラットフォームやサービス。

(8) ThinkAdvisor.com June 22, 2022（https://www.thinkadvisor.com）.

第 3 章　金融経済の肥大化と投資家主導の経済

# はじめに

現代の資本主義経済においては、金融経済が実体経済を上回る規模で急速に成長している。このような金融経済の肥大化により、金融経済の実体経済への影響は大きくなる。2008年のリーマンショックは金融経済の問題点が露呈し、実体経済に負の影響を与えた事例である。本章では金融経済の肥大化が起こる要因とその現象、結果として投資家主導の経済が進んでいることを明らかにする。

1980年以降、金融市場と金融産業の肥大化、グローバル化が進み、「経済の金融化」あるいは金融主導型資本主義という資本主義の歴史的・構造的変化が生じた。1990年代にはITブームで株価の上昇が世界的に起こり、その後、IT関連株価バブルは崩壊した。2008年のリーマンショック以降、過剰な流動性資金は、ますますグローバルに移動するようになった。金融のグローバル化は、先進各国を中心とした金融資産の規模の拡大とデリバティブや証券化などの金融技術の進歩による金融・資本市場の拡大をもたらし、この結果、大規模な資金を運用する年金基金、投資信託などの機関投資家、富裕層の資産運用を主に行うヘッジファンドなどの投資ファンド資産残高が急激に伸長した。マネー（債券、株、銀行資産で示される金融資産）の規模は、実体経済の成長率をはるかに上回る速さで膨張し、機関投資家に集中し、その影響力が高まっているのが現代資本主義の特徴であり、米国の経営学者マイケル・ユシームは「投資家資本主義[1]」、経済学者のハイマン・ミンスキーは「マネーマネジャー資本主義[2]」と呼んだ。このような投資家主導の経済であるがゆえに、投資家の責任ある行動が求められる。いわば「市場の失敗」や「行き過ぎた株主資本主義」をソフトローなどの自主規制を導入することによって、機関投資家などの金融機関の行動を変え、企業や社会の変革を促すということがグローバルに展開されているのである。

(1) Useem (1996).
(2) Minsky (2008).
※本章は三和（2015）を基にしている。

# 1. 金融の肥大化

　**図3-1**は、世界のGDP（Gross Domestic Product：国内総生産）と通貨供給量（マネーサプライ）の推移を示したグラフである。世の中に出回る現金や預金などを足した世界の通貨供給量は、2020年現在で120兆ドルを超えている。一方で、世界のGDP総額は90兆ドル弱である。世界の通貨供給量とGDPは、2000年代半ばまではほぼ同じ量で推移していた。しかし、2009年以降は通貨供給量がGDPを上回るようになり、その解離は近年ますます大きくなっている。

　2008年のリーマンショック以降、世界の中央銀行が金融緩和策を推し進めた結果、世界的な通貨の過剰流動性が起こり、資金はグローバルな金融市場や不動産市場に流入した。このような金融資産規模の拡大、さらにはデリバティブや証券化などの金融技術の進歩、情報通信技術の発達や規制緩和などを背景として、金融資本市場に流入した資金が、さらに増殖する構造となっている。

　この結果、大規模な資金を運用する年金基金、投資信託などの機関投資家、富裕層の資産運用を主に行うヘッジファンドなどの行動が金融市場や企業に及ぼす影響が大きくなり、投資家主導の経済になっている。さらには、富を持つものと持たざるものの格差が、ますます拡大するといった問題が深刻化している。

**図3-1　世界のGDPとマネーサプライの推移（1972年〜2020年）**

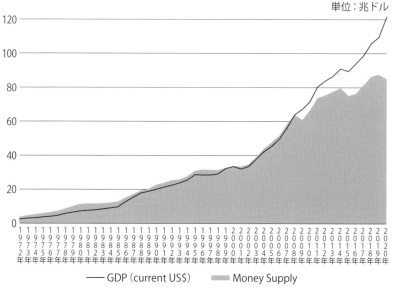

単位：兆ドル

—— GDP（current US$）　▨ Money Supply

出所：世界銀行の統計を基に作成。

# 2．経済の金融化

　米国の低所得者向け住宅ローンの焦げ付きで生じたサブプライム問題に端を発する世界的な金融危機と、その後の景気後退が示すように、金融部門の肥大化は実体経済に対して深刻な影響を与えた。現代経済において金融市場と金融産業の重要性と影響力が極度に高まっている現象は、「経済の金融化[(1)]」と言われる。このような現象は、特に1980年代からの特徴である。経済の金融化のもとでは、経済活動を通して生み出された富は、生産手段に投

下されるよりも金融市場に向かい、さらに増殖していく。米国や日本に見られる政府債務残高の増加、歴史的低金利は、国債市場、デリバティブ（先物取引、オプション取引、スワップ取引などの総称で「金融派生商品」とも呼ばれる）市場の拡大をもたらし、また金利差を利用して富を増加させる手段をもたらした。

「経済の金融化」現象の特徴は、以下のように捉えることができる[2]。

・実物資産に比べて金融資産の蓄積が、はるかに急速に進み、国境を越えた金融取引が拡大し、その規模が桁違いに大きくなること。
・金融資産の取引に関わる銀行、証券会社、資産運用会社などの金融産業や年金基金などの機関投資家の成長、そして金融産業の利益の成長が一般企業に比べて、より早く増加していること。
・金融自由化（規制緩和）、「貯蓄から投資」政策などが推し進められること。
・デリバティブなどの新しい金融取引の仕組みや証券化商品を生み出す金融工学が普及すること。
・投資ファンドの国家と企業への関与が高まること。
・従来の金融部門の業態区分の崩壊と金融再編がグローバルな規模で進展すること。
・金融市場の急激な膨張に伴い、一般企業の活動においても本業に比べて金融・財務活動の重要性が大きくなること。
・タックスヘイブン（一定の課税が著しく軽減、ないしは完全に免除される国や地域のことであり、租税回避地とも低課税地域とも呼ばれる）を経由した金融取引が増加すること。

これらの諸変化に伴い、企業や家計部門の経済活動は、金融市場の動向によって影響を受ける度合いが強まっている。これが「経済の金融化」現象である。以下、これらの各現象について詳細を見ていくこととする。

# 3．金融資産蓄積の増加と
## 資産運用会社の台頭

　**図3-2**は、金融機関別に世界の金融資産残高の推移（2002年～2020年）を見たものである。2002年には総資産額は約120兆ドルであったが、2020年には500兆ドル近くまで伸長している。この間の推移を見ると、銀行とほぼ同じくらいに、その他金融仲介機関の資産残高が伸びているのが看取できる。その他金融仲介機関、年金、保険を合わせた資産は2013年頃から銀行を上回り、近年さらに伸長を見せている。2020年の世界のGDPは80兆ドル、通貨供給量が120兆ドルに対して、金融資産ははるかに多い500兆ドルである。これが「経済の金融化」の実態を表している。なぜ金融資産残高がこれほど多くなるのか。

　1つ目の理由は、金融資産の多様性にある。通貨供給量は、現金と預金の総額を示すものであるが、金融資産には、株式、債券、預金、投資信託、不動産、デリバティブ（先物・オプション等）など幅広い金融商品が含まれる。

　2つ目は、レバレッジ（借入）の効果である。企業が債券を発行して資金調達する、また個人が住宅ローンを利用して不動産を購入する場合、債券や預金などが創造されることになる。

　3つ目の理由は、住宅ローンの証券化商品など、新たな金融商品やサービスが開発されると金融資産の種類と量が増加する。株式や不動産価格の上昇も金融資産残高の増加につながる。昨今では、グローバル化、IT技術の発達により国際的な資本移動はより容易になり、世界全体の金融資産の総額は膨らむ傾向にある。

　このように金融資産の蓄積がますます増加する中、資産運用部門の役割は非常に重要になる。**図3-3**は、世界の資産運用会社の運用資産残高を地域別

図3-2

## 図3-2 世界の金融機関別資産残高（2002年〜2021年）

単位：兆ドル

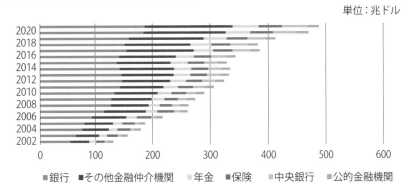

■銀行　■その他金融仲介機関　■年金　■保険　■中央銀行　■公的金融機関

出所：Financial Stability Board（2022）, Global Monitoring Report on Non-Bank Financial Intermediation 2022, p.7, 13, 74, Dec.2022.

## 図3-3 世界の資産運用会社の運用資産残高（地域別）

■ North America　　　　　　　　　■ Europe
■ Asia (excluding Japan and Australia)　■ Japan and Australia
■ Latin America　　　　　　　　　■ Middle East and Africa

単位：兆ドル

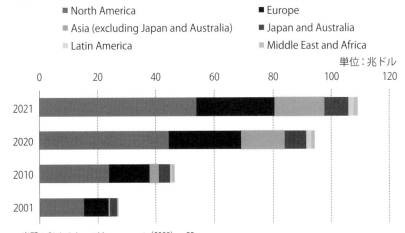

出所：Global Asset Management（2022）, p.23.

　に示したものである。全体の運用資産総額は、2001年には約25兆ドルであったが、2021年には110兆ドルにまで達しており、特に2020年代以降大きな伸長を示している。現在の資産運用会社の資産残高は、世界の通貨供給量に近

い水準であり、世界のGDPを大きく上回る状態である。地域別に見ると、米国が最も多く、次いで欧州、日本とオーストラリアを除くアジアの順である。

2021年現在、世界の資産運用会社のトップは、米国に本社を置くブラックロックで、運用資産残高は約9.5兆ドルであり、2位のバンガードは約4兆ドルの資産を運用している。ブラックロックの運用資産は、2008年以降ほぼ毎年増加しており、過去10年間で2倍以上になった。

このように、実物資産に比べて金融資産の蓄積がはるかに急速に進み、国境を越えた金融取引が拡大し、その規模が桁違いに大きくなっている。それに伴い、銀行に代わって年金基金、保険会社、証券会社、資産運用会社などの他の金融仲介機関が台頭していることを確認した。金融資産残高の増加により、金融システムにおける資産運用機関の役割の重要性が増している。このような金融の様相は、市場型間接金融と呼ばれている。

# 4. 市場型間接金融

「経済の金融化」の中では、間接金融のメインプレーヤーであった銀行中心の経済システムではなく、資産運用会社などの機関投資家が中心となる。一方でヘッジファンド、その他の集団投資スキームなどの金融当局による監視の枠外で活動する、さまざまな金融産業が拡大し、いわゆるシャドーバンキングの問題が顕在化する。

市場型間接金融とは、資金供給者と資金需要者との間に市場を介在させたうえで、それぞれと市場の間を金融機関が仲介する間接金融の在り方をい

う[3]。その結果、金融当局が金融市場の動きを監視したり制御したりすることが難しくなっている。

　市場型間接金融は、２つの型に分類される。第一は、投資信託、ヘッジファンド、年金基金などの集団投資スキームを通じて、一般投資家の資金が資本市場で運用される形態である。この形態で市場に参加する金融機関は、機関投資家と位置付けられる。第二は、銀行に代表される間接金融機関が市場を活用して与信を行う形態である。これは、シンジケートローン（顧客の資金調達ニーズに対し複数の金融機関が協調してシンジケート団を組成し、１つの融資契約書に基づき同一条件で融資を行う資金調達手法）や貸出債権の証券化という仕組みが普及している。このような市場型間接金融の形態を促進してきたのは、資産運用ニーズを持つ機関投資家と多様化する金融商品を生み出してきた金融機関（投資銀行）である。市場型間接金融では、資金供給者、機関投資家、金融機関、資金需要者間が複雑な構造をなし、リスクの量やその所在が曖昧になる。サブプライム問題の発端となったのは複雑な証券化商品であった。

　**表3-1**は、世界の投資信託（オープンエンド型）の残高を示したものであるが、米国が圧倒的に多く全体の半分の30兆ドルを超えている。アジア圏では、中国の投資信託資産残高が世界第４位であり、急速にその残高が伸長している。日本は第８位という状況である。

　**図3-4**は、米国の家計資産におけるミューチュアルファンド（多くの投資家から集めた資金を元手に運用をして、保有比率に応じて分配金を投資家に支払うオープンエンド型投資会社で、請求により随時解約ができるファンド）の金融資産に占める資産残高比率を示している。1980年には5.4％に過ぎなかったが、2022年には50％を超えた。このように投資信託・投資会社を通した資金流入量が拡大していることが分かる。

　一方で、証券化を通した市場型間接金融も拡大している。米国においては、過去30年間で証券化商品の市場規模は飛躍的に拡大した。住宅ローンの貸付を行う金融機関は、住宅ローンの貸出し債権からは固定金利で利益を得る一

| 表3-1 | 投資信託残高上位10カ国（2023年3月末） | |
|---|---|---|
| | 国名 | 残高（10億ドル） |
| 1 | 米国 | 30,287 |
| 2 | ルクセンブルク | 5,599 |
| 3 | アイルランド | 4,061 |
| 4 | 中国 | 3,353 |
| 5 | ドイツ | 2,574 |
| 6 | オーストラリア | 2,453 |
| 7 | フランス | 2,329 |
| 8 | 日本 | 2,099 |
| 9 | 英国 | 1,875 |
| 10 | カナダ | 1,663 |

＊10億ドル未満切り捨て
出所：投資信託協会（2023）「投資信託の世界統計2023年第1四半期（1月～3月）」、p.2。

### 図3-4　米国家計の金融資産に占めるミューチュアルファンドの比率

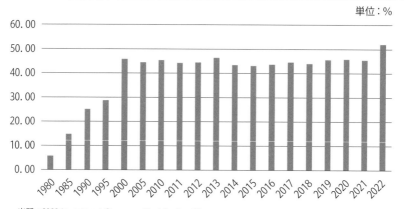

単位：%

出所：2023 Investment Company Fact Book, p.85.

方、資金調達は短期金利により行っていた。こうした中で、1980年台初頭の短期金利の上昇により、資金調達費用が増加し固定金利の住宅ローンと逆鞘となってしまうケースが見られた。このような金利リスクを回避するために、

金融機関は積極的に住宅ローンを売却または証券化して資金を回収し、その資金を高金利での運用に充てるという行動をとった。この結果、MBS（Mortgage Backed Security）やABS（Asset Backed Security）市場が発展していった。

　2000年代半ばには、低中所得者層に対する住宅政策推進と金融技術の発達という環境の中で、金融機関は信用度が相対的に低い層への貸付け、いわゆるサブプライム層への貸し付けを積極的に行っていった。これらの住宅ローン証券化商品は、高いリターンを得られる運用対象として、非政府系MBSや再証券化商品（証券化商品を担保として再度証券化した商品）が一部投資家の間で人気となり発行額が急増した。しかし、2008年のサブプライムローン問題、その後の金融危機を経て新規発行が大幅に減少し、その規模は縮小した。近年その残高は再び伸びており、2021年末における発行残高は13.4兆ドル（MBS：4.6兆ドル、ABS：0.6兆ドル）と米国の債券全体の約39％を占め、米国債（5.1兆ドル）を凌ぐ市場となっており重要な位置を占めている[4]。

# 5．世界の証券取引所の株式会社化と再編

　機関投資家の取引量やグローバルな資金運用残高の拡大は、好条件下での売買注文執行を求めての競争となり、ニューヨーク証券取引所（NYSE）、フランクフルト、アムステルダム、オーストラリア、東京証券取引所などの世界の証券取引所は、高速に注文執行するために技術開発などの資金調達のために、1990年代以降株式会社化を進めた。

　ロンドン証券取引所は、1986年に会社法に基づく有限責任会社となり、

2001年に株式を上場した。ニューヨーク証券取引所（NYSE）は2006年にアーキペラゴと合併した後、株式会社化し持株会社を上場した。ナスダック（NASDAQ）は、1996年に持株会社のもとに市場会社と規制会社を分離している。ドイツ証券取引所は、フランクフルト証券取引所を運営しており、1991年にフランクフルト証券取引所が株式会社化された[5]。日本では、2000年の証券取引法改正により、取引所の株式会社形態が認められ、2001年に大証と東証、2002年に名証がそれぞれ株式会社に組織変更した。欧米に遅れをとっているとして日本の証券市場も2013年に東証と大証が合併し、日本証券取引所グループとして上場した。これにより、先に述べたように大規模なIT化への設備投資を行い、超高速取引（High Frequency Trading：以下、HFT）に対応できるようになった。

　上場による資金調達で、東証は2014年1月に、従来数秒かかっていた売買注文の応答速度を400～600倍に高めた新取引システム「アローヘッド」を稼働させ、大手証券会社、大口投資家などに向けた「コロケーション[6]」サービスも始めた。さらに、2014年1月にはTICKデータ[7]をHFT投資家に対して販売し始めた。もはや証券取引所運営はビジネスと化したのである。さらに、中東のオイルマネーを背景として、ドバイ証券取引所が北欧のOMX取引所やロンドン証券取引所、NASDAQの株式を取得するなど[8]、ますますビジネス間競争の様相を呈している[9]。

# 6．HFT業者の台頭とそれに対する規制

　今や世界の証券取引所にとっての最重要課題は、市場間競争を勝ち抜くた

めに取引量の増加、注文執行能力の向上を図ることである。注文が集中すれば、市場の流動性が高まり、さらに注文が増加する好循環が生まれる。このため、主要な証券取引所は、合併による規模の拡大とシステム開発・更新の共同化で、より高速に取引ができるように競うようになったのである。

HFT投資家は、米欧に100から200社程度あり、主にヘッジファンドであると言われている。彼らは、高速処理のコンピュータを駆使し、市場動向を瞬時に見極めながら、独自のプログラムに基づいて1000分の1秒、10000分の1秒単位で売買する。企業業績などのファンダメンタルは一切考慮しない取引手法で、統計的情報のみに基づいて、頻繁に売買を繰り返し、わずかな値上がり益を積み上げるアルゴリズム取引という手法を用いるのが特徴である。HFTは、ニューヨーク証券取引所では約7割、欧州でも3割を占めるまでに伸長している[10]。

HFTに関しては、市場の流動性向上、売りと買いの価格差（スプレッド）が縮小されることにより取引コストが低下するなどの肯定的な意見もある。一方で市場の不安定化を招く、また一部のHFTトレーダーが、一般の投資家よりも技術的にも資金量的にも有利な立場にある点など公平性の問題が指摘されている。そのため、世界の多くの国や地域では、HFTに関する規制の導入・検討がなされている。

2017年12月に金融商品取引法が改正（2018年4月施行）され、株式等の高速取引行為を行う者に対する登録制が導入さた。これを受け、金融庁においては、高速取引行為者の登録を進め、2021年6月から高速取引行為の動向を公表し、その後四半期ごとに更新している。

高速取引行為者とは、高速取引行為者および金融商品取引法第29条の2第1項第7号に掲げる高速取引行為[11]を行う金融商品取引業者をいう。その取引戦略は下記のように定められている。

・マーケットメイク戦略：
　売りと買いの両注文を市場に出し、他の投資家の取引相手となることで、

両価格のスプレッド分の利益を得る戦略。

・アービトラージ戦略：

　価格変動に相関がある複数の銘柄の価格差や、同一商品の市場間での価格差などに着目し、裁定取引を行うことで利益を得る戦略。

・ディレクショナル戦略：

　近い将来の価格の変動を予測して利益を得る戦略。

・その他の戦略：

　マーケットメイク戦略、アービトラージ戦略又はディレクショナル戦略のいずれにも該当しない戦略。

　**図3-5**は、2021年からの月毎の登録業者数を示したものであるが、わが国においては50前後の HFT 機関が存在している。**図3-6**は、東京証券取引所の売買代金に占める HFT 機関の比率を示しており、30％半ばから40％である。このように、わが国においても HFT の活用は進んできた。わが国における HFT の利用目的は、近い将来の価格の変動を予測し利益を得るディレクショナル戦略の比率が全体の過半を占めており、市場の情報が非常に重要になる。

# 7．まとめ

　本章では、実体経済をはるかに超えた水準で金融資産の蓄積がすすみ、金融経済が膨張する背景とその影響について考察してきた。金融資産の肥大化は「経済の金融化」という現象を生み出し、実体経済にさまざまな影響を及

## 図3-5　HFT業者の登録数の推移

単位：業者数

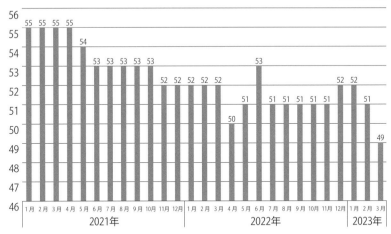

出所：金融庁（2023）『高速取引行為の動向について』2023年9月。p.3。

ぼしている。実物資産に比べて金融資産の蓄積が急速に進み、国境を越えた
金融取引が拡大し、その中で資産運用会社、年金基金などの機関投資家の取
引が拡大している。さらに金融取引技術の発達は高度なアルゴリズム取引を
使ったHFT（超高速取引）の台頭をもたらした。このように長期的にも短期
的にも金融、特に機関投資家の影響力がかつてないほどに高まっているのが
今日の経済なのである。

　2008年に起きたリーマンショックとその後世界的な景気後退は、金融経済
が実体経済に及ぼす負の影響を露呈させた。結果として企業と金融の長期的
な関係構築が求められることになり、英国では2010年に金融機関のガバナン
ス向上を目的としてスチュワードシップ・コードが導入された。2006年には
国連PRI原則（責任投資）が導入され、2014年には、日本でもスチュワード
シップ・コードが導入されるなどを経て「責任ある投資家」という概念が浸
透してきた。

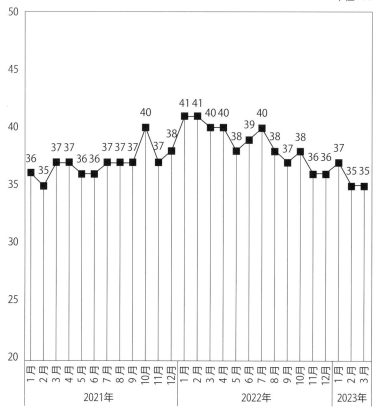

**図3-6　東京証券取引所売買代金に占めるHFT取引比率**

単位：%

── 売買代金全体に占める高速取引行為者等の売買代金比率

出所：金融庁（2023）『高速取引行為の動向について』2023年9月、p.5。

(1) 高田（2009）、p.27。
(2) 高田、前掲書、pp.27-28。三和（2015）、pp.95-97。
(3) 大垣（2010）、p.371。
(4) SIFMA（米国証券業金融市場協会）"2023 Capital Markets Fact Book",
July 2023（https://www.sifma.org/wp-content/uploads/2022/07/2023-

SIFMA-Capital-Markets-Factbook.pdf).

(5) 藤田（2013）、p.46。

(6) コロケーションサービスとは、証券会社などの自動売買用サーバーを東証のシステムの隣に置き、ミリ秒単位の売買注文を一瞬たりとも遅れずに処理できるようにするものである。

(7) 銘柄ごとにいくらで売買注文が出て約定したかを示す株式売買の基本情報とも言えるものである。膨大なデータを活用することで、市場参加者の癖を分析したり、あらたな売買プログラム構築に役立てたりすることができる。

(8) NASDAQ はドバイ取引所が取得した OMX 株式を取得し、NASDAQ-OMX グループを結成した。

(9) みずほリサーチ（2008）「世界の証券取引所再編の動向」、2008年 March、p.7。

(10) 日本経済新聞（2011）「超高速売買、ミリ秒の攻防、株価乱高下の要因にも」、2011年6月26日。

(11) 高速取引行為の定義として改正金融商品取引法2条41項では、「高速取引行為」は以下のとおり定義されている。「次に掲げる行為であって、当該行為を行うことについての判断が電子情報処理組織により自動的に行われ、かつ、当該判断に基づく当該有価証券の売買又は市場デリバティブ取引を行うために必要な情報の金融商品取引所その他の内閣府令（a）に定める者に対する伝達が、情報通信の技術を利用する方法であって、当該伝達に通常要する時間を短縮するための方法として内閣府令（b）で定める方法を用いて行われるもの。

　　① 有価証券の売買又は市場デリバティブ取引。

　　② ①の行為の委託。

　　③ ②のほか、①の行為に係る行為であって、①及び②に準ずるものとして政令で定めるもの。

第 **4** 章　ESG 投資と
　　　　　ユニバーサルオーナーシップ論

## はじめに

　世界全体で ESG（Environment・Social・Governance）資産残高は、約35兆ドル（4,760兆円）、日本で約3兆ドル（470兆円）に上り、今や ESG（環境・社会・ガバナンス）なくして、投資の世界を語ることができないといっても過言ではない。2006年の国連 PRI 原則（責任投資）以降、環境や人権意識の高まりと金融緩和下の余剰マネーによって、ESG 市場は急拡大してきた。わが国においては、2015年に GPIF（年金積立金管理運用独立行政法人）が国連 PRI 原則）に署名したことを契機に、ESG やサステナビリティの大きなうねりが到来した。2021年のコーポレートガバナンス・コード改訂においては、持続可能性に関する事項が強調され、気候変動リスクやダイバーシティ＆インクルージョン（D&I）への関心が高まった。さらに「投資家と企業の対話ガイドライン」の改訂においても、従来のテーマに加えて ESG 関連テーマを含めた実効的な対話を行うことが求められた。

　GPIF は、運用委託機関に対して積極的に ESG 課題を含むエンゲージメントを推進しており、機関投資家の ESG 投資やエンゲージメントは確実に進化している。国内の主要な資産運用会社は、議決権行使やエンゲージメントにおいて GHG（温室効果ガス）排出量、削減目標などの開示を要請する方針を示し、また世界的な機関投資家の連合も大きな存在となっている。「グラスゴー金融同盟（GFANZ）」は、英国イングランド銀行前総裁のマーク・カーニーらが2021年4月に設立した金融機関の有志連合であり、50年までに温室効果ガス排出量を実質ゼロにする「ネット・ゼロ」の目標に向け、投融資先に脱炭素を促している。GFANZ は、年金基金などのアセットオーナー、銀行、保険、資産運用会社などの7団体を傘下に持ち、2024年1月現在において、加盟機関数は50カ国の670を超えている。わが国の主要な金融機関も参加している。

　わが国においては2023年3月期から、有価証券報告書に非財務欄の記載が義務付けられ、また2023年に ISSB（国際サステナビリティ基準審議会）が ESG 情報開示の統一基準を公表した。これにより日本企業の ESG などの非財務情報の開示は大きく進み、機関投資家の ESG をテーマとした議決権行使やエンゲージメントが質、量ともに拡大するであろう。本章では ESG 投資の現状とユニバーサルオーナー論について論じる。

# 1. SRI から ESG 投資へ

　ESG 投資とは、環境・社会・コーポレートガバナンス（Environment・Social・Governance）に配慮した投資を意味する。この用語が一般的に使われるようになった背景には、まず2004年に UNGC（国連グローバルコンパクト：企業に対し、人権・労働権・環境・腐敗防止に関する十原則を遵守し実践するよう求める組織）が持続可能性に関する課題を「ESG 問題」として定義したことが挙げられる。その後、2006年に国際連合が発表した PRI（国連責任投資原則：投資の意思決定プロセスや株主行動に ESG の視点を反映させるための考え方を示したもの）によって統一した形で明文化され、ESG 投資という呼び方が定着してきた。それ以前は SRI（Socially Responsible Investment：社会的責任投資）と呼ばれていた。

　SRI は、米国教会の余剰資金を運用するファンドで、1928年に設立されたパイオニアファンドが最初と言われている。しかし、宗教的、倫理的な投資判断は、3500年以上も前からユダヤ教徒がその教義に基づいて行っていたと言われている。その教義とは、Non-Kosher Food（ユダヤ教徒が宗教上の理由から「食べることは許されない」不浄な食べ物）の製造・販売、これらの企業への出資、安息日に商取引を行っている企業への出資、その他倫理、道徳に反する商取引を行っている企業への出資、森林破壊、水、空気汚染、高利貸し、武器製造などを行っている企業への出資の禁止などである。また、13世紀頃までは、キリスト教においては利息を取ることが禁じられていた。高利貸しとの商取引が禁止されていたとも言われている。17世紀にはクェーカー教徒が、奴隷取引、タバコ、アルコール、ギャンブルに従事する企業との商取引、出資を禁止するなどの倫理的投資基準を持っていた。このように宗教

的な倫理基準などに基づく投資は、倫理的投資（Ethical Investment）と呼ばれた[1]。

　一般の人から資金を集めて運用をする世界初の社会的責任投資（Social Responsibility Investment）ファンドは、1971年に米国で誕生したパックスワールド・ファンド（Pax World Fund）と言われている。この背景には、ベトナム戦争への反対や公民権運動、反アパルトヘイトなどの社会的運動があり、企業の社会的責任が問われるようになったことが挙げられる。さらに1989年に、エクソンモービルの石油タンカー Valdez 号がアラスカ沖で座礁する事件が起き、この事件をきっかけに大企業の行動が地球環境に及ぼす影響が世界的に議論され、エコファンド、グリーンファンドといった環境関連の SRI ファンドの設定が相次いだ。

　2000年代に入り、欧州各国は、企業や年金運用に関して、財務情報と同様に倫理・環境・社会に関する情報開示を行うことや、投資に際してこれらの事項をどの程度配慮したかを開示することを義務付けた。また2006年に国連 PRI 原則（責任投資）[2]が公表されたことを契機に、一部の特殊な投資家が行うものと取られる傾向もあった SRI から、企業と社会の長期的成長を目指すメインストリームの ESG 投資へと変化してきた。

# 2．SDGs（持続可能な開発目標）と ESG

　SDGs とは Sustainable Development Goals、「持続可能な開発目標」を意味する。人間および地球の繁栄のための行動計画として、国連は2015年9月25日の「持続可能な開発サミット」で国連加盟国は「持続可能な開発のため

の2030アジェンダ」を採択した。ここで2016年から2030年までの「持続可能な開発目標」として17の目標および169のターゲットが定めらた。

17の項目は、貧困、飢餓、福祉、教育、ジェンダー、水と衛生、持続可能なエネルギー、完全雇用およびディーセント・ワーク、インフラ、国内および国家間の不平等、都市と人間の居住地、消費と生産パターン、気候変動、海洋資源、陸上生態系の保護、平和で包摂的な社会、グローバル・パートナーシップの活性化などの分野にわたっている。

わが国においては、行政、NGO、NPO、有識者、民間セクターの関係者により、日本政府のSDGs実施指針の策定などを行うためにSDGs推進円卓会議が設置され、民間団体では日本証券業協会が2017年9月に会長諮問機関として「証券業界におけるSDGsの推進に関する懇談会[3]」を設置した。また、同年11月には日本経済団体連合会（経団連）が7年ぶりの企業行動憲章改定を行い、SDGs達成を目標とした[4]。

このように証券業業界におけるSDGsに対する取り組みも高まっているが、わが国のGPIF（Government Pension Investment Fund：年金積立金管理運用独立行政法人）はSDGsを促進する最大規模の投資家である。大規模な年金基金としては、長期にわたって安定したリターンを獲得するためには、投資先の個々の企業の価値が持続的に高まることが重要である。ESGの要素に配慮した投資は、長期的にリスク調整後のリターンを改善する効果があると期待できることから、公的年金など投資額の大きい機関投資家の間でESG投資に対する関心が高まっている。

## 2-1 ESG 課題

環境問題の中心的課題は、気候変動に関するものである。地球温暖化の進展によって、海水面の上昇、海洋の酸性化、海の表層での水温の上昇、海洋生物種の分布の変化、大雨の頻度や強度、降水量の増加、食料生産への影響など様々な課題がある。ヨーロッパを中心に地球温暖化対策は強化されてお

り、日本を含む世界の主要先進国は2050年までに、中国は2060年までにカーボンニュートラル（二酸化炭素など温室効果ガスの排出量と吸収量を均衡させ、その排出量を「実質ゼロ」に抑えること）を実現することを表明している。

　社会問題の中心課題は、人権問題である。2013年にバングラディッシュで8階建ての商業ビルが倒壊し1,100人以上が死亡する事件が起きた。このビルには日米欧の大手アパレル産業向けに製品を提供する5つの縫製工場が入っており、この事件をきっかけに大手企業のサプライチェーンの劣悪な労働環境や安価な労働力に依存するアパレル産業の人権問題が明らかになった。「ユニクロ」を展開するファーストリテイリングは、この事故を受けて策定された「バングラデシュにおける火災予防および建設物の安全に関わる協定」に署名した。現代の企業は、このような人権問題に取り組む必要があり、サプライチェーン企業の人権問題は重要な課題である。また、昨今は人的資本に関する開示も英米日で進められ、重要テーマの1つである。日本に関して言えば、社会における女性活躍が欧米に比べて遅れており、喫緊の課題と言える。

　コーポレートガバナンスについては、取締役会の機能・役割、女性活躍、海外においては腐敗防止などが課題である。今日、機関投資家にとっては上記のような課題を配慮して投資判断をすることが重要となる。なぜならば、ESG要因は長期的に見て、規制リスクや企業の評判リスクなると同時に、新たなビジネスの機会につながるなど、収益機会になり得る可能性があるからである。

　企業側も利益を追求するだけでなく、その活動が社会や地球環境に与える影響に責任を持つことが求められ、財務情報だけではなく非財務情報の開示も重要である。それゆえ企業は、投資家のみならず市民などのステークホルダーにとっての重要な課題をマテリアリティ（取り組むべき重要課題）と捉える必要がある（**表4-1**）。

**表4-1　マテリアリティの具体例**

| 環境 | 社会 | ガバナンス |
|---|---|---|
| 環境方針 | 人権への取り組み（人権ポリシー作成など） | 取締役会の在り方・機能発揮（独立社外取締役比率など） |
| 環境情報開示 | 人権に関する情報開示 | 女性取締役比率 |
| 生物多様性 | 機会均等の方針 | ステークホルダーに対する責任 |
| 化学物質の安全性 | 従業員の健康と安全 | ガバナンスに関する情報開示 |
| 環境インパクト | 労働組合と従業員の経営参加 | 腐敗防止の方針・政策 |
| 環境汚染 | 顧客と調達先との関係 | 腐敗防止に関する情報開示 |
| 水資源マネジメント | サプライチェーンの労働環境 | リスク管理の在り方 |
| | サプライチェーンの労働管理に関する開示 | |
| | 人的資本マネジメント | |
| | 女性活躍 | |

出所：筆者作成。

## 2-2　ESG の投資戦略[5]

　ESG の投資戦略は、**表4-2**に示したように分類できる。インパクト／コミュニティ投資とは、社会問題や環境問題に対して、地域開発やプロジェクトファイナンスなどを通じて、積極的な解決を目指す投資である。社会や環境に対する正のインパクトをもたらす投資と言える。ポジティブスクリーニングとは、責任ある事業に対するコミットメントのある企業、そのような製品・サービスを提供する企業に積極的に投資する手法である。ESG スコアや ESG レイティングなどを用いて、業種ごとにそのトップ企業に投資する方法をベスト・イン・クラス投資手法という。この手法は日本のエコファンドなどに多く用いられている。

　規範に基づくネガティブスクリーニングとは、OECD（経済協力開発機構）の多国籍企業ガイドラインや、ILO（国際労働機関）の労働基準、国連グロ

| ESG投資戦略

| 投資手法 | 概要 |
|---|---|
| インパクト／コミュニティ投資 | 社会問題や環境問題に対して、地域開発やプロジェクト、マイクロファイナンスを通じて、より直接的な解決を目指す。 |
| ポジティブ／ベストインクラススクリーニング | ESG評価の高い企業を投資対象として組み入れる。業界の中でESG評価の高い企業を組み入れる。 |
| サステナブルテーマに基づく投資 | 持続可能性に関する特定のテーマ（クリーンエネルギー、グリーンテクノロジー、サステナブル農業）などに投資をする。 |
| 規範に基づくスクリーニング | 国連グローバルインパクトやILOなどの国際的な規範に反する企業を投資対象から外す。 |
| エンゲージメント／株主アクティビズム | 投資先企業との対話や議決権行使を通じて、ESGへの取り組みを促すなど企業行動に影響を与える。 |
| ネガティブスクリーニング | ESGの観点から問題のある企業を投資対象から除外する。 |
| ESGインテグレーション | ビジネスモデルや財務諸表の分析だけではなく、ESG分析も投資意思決定プロセスに組み込む。 |

出所：GSIA（2022), p.7.

ーバルコンパクトなどの国際的基準や規範に基づいて投資対象から外す手法である。エンゲージメント／株主アクティビズムとは、企業に対してより責任あるビジネスを促す、または投資リターンを上げる手段として、株主としての権利を有効に活用することをいう。具体的には経営者などとの対話や議決権行使などの行動を意味する。スチュワードシップ・コードの導入により、わが国においても注目されている。

　ネガティブスクリーニングとは、倫理的な観点からタバコ、武器製造、動物実験などに携わる企業を投資対象から外す手法である。近年ESG意識の高まりとともに、化石燃料関連など環境への負荷が高い企業からの投資を引き上げる欧米の年金基金などが相次いだ。インテグレーションとは、業績予想に財務情報のみならず環境問題や社会問題などによる長期的予想も踏まえて投資判断をする手法である。米国ではESG投資の中でも、このインテグレーション手法が高い。このような投資は、企業の無形価値が世界的に注目

図4-1 | 国別ESG資産残高の推移

単位：10億

| | 2014 | 2016 | 2018 | 2020 | 2022 | GROWTH PER PERIOD | | | | COMPOUND ANNUAL GROWTH RATE (CAGR) 2014-2020 |
|---|---|---|---|---|---|---|---|---|---|---|
| | | | | | | 2014-2016 | 2016-2018 | 2018-2020 | 2020-2022 | |
| Europe (EUR) | €9,885 | €11,045 | €12,306 | €10,730 | €12,401 | 12% | 11% | -13% | 31% | 4% |
| United States (USD) | $6,572 | $8,723 | $11,995 | $17,081 | $8,400 | 33% | 38% | 42% | -51% | 3% |
| Canada (CAD) | $1,011 | $1,505 | $2,132 | $3,166 | $3,014 | 49% | 42% | 48% | -5% | 15% |
| Australia & New Zealand (AUS) | $203 | $707 | $1,033 | $1,295 | $1,680 | 248% | 46% | 25% | 30% | 30% |
| Japan (JPY) | ¥840 | ¥57,056 | ¥231,952 | ¥310,039 | ¥493,598 | 6692% | 307% | 34% | 59% | 122% |

**NOTE:** Asset values are expressed in billions. All figures are in regional currencies. New Zealand assets were converted to Australian dollars.

出所：GISA（2022），p.11.

され、財務情報だけでなく社会や環境への取り組みといった非財務情報を含めて開示する「統合報告」の動きが広がってきていることと関連している。

## 2-3　ESG資産残高

　**図4-1**は、国別にESG資産残高の推移を示している。2018年から2020年の期間では、米国、カナダのESG資産残高の伸び率が高くそれぞれ42％、48％であった。日本は次いで34％であった。ヨーロッパの資産残高が減少しているのは、この地域におけるサステナブル投資の定義が厳密化されたことによる。また、2020年から2022年の期間で見ると、ヨーロッパの成長率が31％と戻り、日本は引き続き30％の成長率を見せている。一方、米国は51％のマイナスを示しているが、ロシアによるウクライナ侵略と共和党を中心とした反ESGキャンペーンが影響していると考えられる。

　**図4-2**に示すように、ESG投資戦略のうち、エンゲージメントや株主アクティビズム（経営に不満がある場合、企業との対話を行う）の残高が近年伸びているのが分かる。**図4-3**が国別に見たものであるが、米国と日本のエンゲージメントや株主アクティビズムの資産残高が大きい。ESGにおいても、直接企業とのエンゲージメントを行ったり、株主提案などのアクティビズムが活発になってきているといえる。

## 図4-2　ESG投資戦略別残高の推移

単位：10億ドル

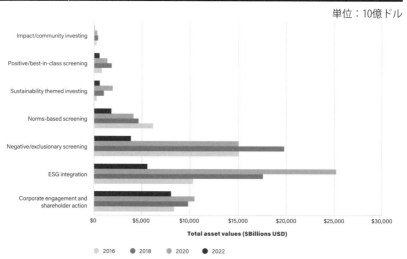

出所：GISA（2022），p.14.

## 図4-3　ESG投資戦略別残高（国別）

単位：10億ドル

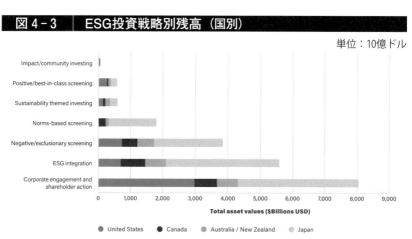

出所：GISA（2022），p.13.

# 3．ESG に対する逆風

 **3-1　反 ESG の流れ**

　近年米国やオーストラリアにおいては、ESG に逆風が吹いている。この背景には、2022年から始まったロシアによるウクライナ侵攻を契機として、欧州のエネルギー問題が露呈したことがある。2006年以降の ESG バブルとも言える環境は、ウクライナ危機と金融引き締めによって終焉し、2022年に入り ESG 指数は下落傾向へと変わった。脱炭素を進めてきた各国政府や企業であるが、ウクライナ危機以降、一時的に化石燃料由来のエネルギーへの依存度が高まった。そのため、脱炭素と投資リターンを両立させることはトレードオフの関係になり、オーストラリアの建設業界の年金基金シーバススーパーと、同連邦年金ブンデスペンシオンスカッセは、2022年に GFANZ（グラスゴー金融同盟：個別に発足したカーボンニュートラル［温室効果ガス排出量実質ゼロ、ネット・ゼロ］を目指す連合を包括する組織）の傘下団体から脱退した[6]。

　このような状況に加えて、ESG ウォッシュ（見せかけの ESG）も問題となった。2022年には、環境への配慮について消費者や投資家に誇大にアピールしているとして、ゴールドマン・サックスやドイツ銀行などが告発され、規制当局が調査を行った。

　米国では、ESG は政治的な領域での争点となっている。反 ESG の急先鋒として著名なヴィヴェック・ラマスワミは社会問題への意識が高い WOKE 企業（人権的偏見や差別を行う企業）を痛烈に批判している。このように米国

共和党の反 ESG 圧力が高まっており、米国南部ノースカロライナ州の財務長官は、ESG 投資を行う世界最大の機関投資家のブラックロックの CEO、ラリー・フィンクの退任を促す発言も行った。さらに 2023 年 2 月、3 月に米国上院・下院が、米国労働省の年金運用を統括する ERISA 法（従業員退職所得保障法：1974 年に制定された企業年金制度や福利厚生制度の設計や運営を統一的に規定する連邦法）下の、いわゆる ESG ルールを覆す決議案をそれぞれ可決した。同ルールは、2022 年 11 月にバイデン大統領の提案に基づいており、ERISA 法で規制される年金運用者の受託者責任において、ESG 要因が果たしうる役割を明確にしたものである。これにより、年金運用における ERISA 規制対象の受託者に ESG 要因を考慮する柔軟性を与え、投資のリスク・リターン分析に財務的に関連する特定の ESG 要因を考慮すること、またそれに関連する議決権行使が可能となった。

　米国では、ERISA 法における受託者責任の解釈は政権交代のたびに議論の的になってきた。民主党政権は ESG に寛容な方針を示す一方で、共和党政権は基本的に反 ESG の立場である。共和党トランプ政権時においては、ERISA 法上の受託者責任について「過度に ESG 要素を重視してはならず、経済的リターンを犠牲にすることには慎重である」と解釈された。これに対して民主党バイデン大統領は大きく ESG 寄りに舵をきった。米国両院の決議は、連邦および州レベルで ESG 投資を制限しようとする動きである。また、米国では複数の原告による ESG ルールの施行を阻止することを求める訴訟が提起されている。全米で約半数の州では、州のファンドやその受託者が ESG 要因を考慮することを制限・制限する法案が提出されるなど反 ESG の波が高まっている[7]。

## ● 3-2　ESG の投資パフォーマンス

　ESG 投資のパフォーマンスは、従来型のファンドと比べて経済的リターンを犠牲にしているのであろうか。ESG 投資のパフォーマンスに関しては、

投資対象企業のパフォーマンスについて世界的に多くの先行研究がある。統計的にポジティブ、ネガティブ、ニュートラルそれぞれの結果があり、統一的な見解はまだない、というのが現在のアカデミアの到達点である。しかし、近年の傾向ではESGと企業価値に正の関係が見られる研究が多い。

たとえばFriede et al.（2015）[8]は、1980年代から2000年代半ばまでのESGやSRIと企業パフォーマンスを分析した2000本以上の研究論文のメタ分析を行い、全体の50％弱の論文が正の影響を見出しており、明確に負の影響を示しているのは約10％の論文であることを明らかにした。正の相関を示した論文においては、ESGパフォーマンスと業務効率の改善、株価パフォーマンス、資本コストの低下等との間に相関があることを示している。ESGに関する研究論文のうち半数は正の影響を示しているが、ESG課題解決が企業価値向上に寄与することにコンセンサスを得るところまでには至っていないといえる。

2000年代半ば以降の研究については、Whelan et al.（2021）[9]が、2015年〜2020年の1,000以上の研究論文を対象として、ESGと財務パフォーマンス等の関係を検証している。このメタ分析によれば、ESGと財務パフォーマンスとの関連に正の影響を見出した論文は58％、負の影響を示したのは8％であった。2つのメタ分析から、2015年以降に行われた研究の方が正の影響を示す比率が高くなっており、ESGが企業価値に正の影響を与える方向性にあると言える。

実務界では、ESGの改善と業績の改善を結び付ける考え方も浸透してきた。ESG評価のスコアの改善が見られる企業では、株価の上昇率も高い傾向にあり、エンゲージメントなどでESGの改善を促しリターンも狙うファンドの設定が国内外で増加している。このことは、投資の循環（インベストメントチェーン）において、ESGに対する関心が引き続き高いことを示している。英国・欧州においては、市民の意識の高まりが、機関投資家がESGを投資判断に入れることが受託者責任を果たす、という風潮を強めている。個人投資家が投資アプリを通じて、ESGに関する株主提案に賛成票を投ずること

で企業に変革をもたらす動きも見られる。また、資産運用会社最大手の米国ブラックロックは、議決権行使についてファンドを保有する個人ができるようにする試験的なプログラムを導入した[10]。ESG は政治的な争点にもなり揺れている部分もあるが、市民の意識は確実に高まっていると言える。

# 4．ユニバーサルオーナーシップと ESG

##  4-1　機関投資家が ESG を考える理由

　なぜ機関投資家が ESG テーマについてエンゲージメントを行う必要があるのか。ユニバーサルオーナーシップ論から考えてみたい。この概念は、1976年に出版されたピーター・ドラッカーの『見えざる革命』[11]にまで遡ることができる。ドラッカーは、米国経済の所有者としての年金基金の登場を指摘した。当時の米国では、企業年金や公務員年金が全上場企業の発行済み株式の約25％を保有し、10年後の1985年には約50％に達すると予想された。ドラッカーは、年金基金は米国の唯一の資本家となり、社会主義が労働者による生産手段の所有と定義されるならば、米国こそ、最初の真の社会主義国である、と主張した。労働者は年金保険料の拠出者であり、その資金が企業年金などのアセットオーナー、運用委託先のアセットマネージャーを通じて企業等へ投資され、付加価値を生むことで経済成長を果たすことになり、社会全体がよりよい方向へと向かう。これがインベストメントチェーンである。
　そして、インベストメントチェーンにおける年金基金をユニバーサルオー

ナーという概念で捉えたのが Monks and Minow（2004）[12]である。年金基金は幅広い加入者によって構成されていることから、年金受託者は公共の利益のための代理人と言える。つまり、年金受給者の利益を追求することは、社会全体の利益を追求することと同義である、と彼らは主張する。

　ユニバーサルオーナーの役割は、ポートフォリオ企業の外部性をポートフォリオ内の、すべての企業や関連するステークホルダーに取り込み、また世代間の不公平性という外部性を長期的に内部化することである。このためユニバーサルオーナーの関心は経済全体になり、長期的な視野に立ったものになる。GPIF（年金積立金管理運用独立行政法人）は、「2021年度 ESG 活動報告[13]」において、ユニバーサルオーナーの概念を示し、「投資額が大きく、世界の資本市場全体に幅広く分散して運用する投資家」と定義した。同報告書によれば、GPIF の株式保有銘柄数は5,920社であった。

　ノルウェーの政府系ファンド GPFG（Government Pension Fund Global）の運用会社 Norges Bank Investment Management もユニバーサルオーナーとして活動を行っている。GPFG は資産運用において、費用とリスクを効果的に管理しながら世界経済の成長と付加価値の創造に関与すること、つまり幅広い投資機会にアクセスし、投資ポートフォリオのパフォーマンスを最適化することを目標にしている。機関投資家が一時的な利益を追求するために非倫理的な行動を支持する、あるいは他の企業を犠牲にすることは、結果として自らのポートフォリオのリターンに悪影響を及ぼす可能性がある。このようにユニバーサルオーナーシップ論は、機関投資家が ESG 投資やエンゲージメントを行う理由を提供する。

## 4-2　効率的市場仮説と $\beta$ アクティビズム

　機関投資家の運用理論からのアプローチとして、$\beta$ アクティビズムという考え方も近年議論されている。ハリー・マーコウィッツが1952年に提唱した現代ポートフォリオ理論（MPT）[14]は、分散投資によるリスク分散効果を明

らかにし、インデックスファンドの台頭をもたらした。そして、投資信託や米国の確定拠出年金などの運用にインデックス運用の浸透をもたらした。MPTにおいては、システマテックリスク（市場のリスク）が投資に与える影響から逃れることはできなく、投資家は「$\beta$」と呼ばれる対市場感応度を受け入れざるを得ない。その基となっているのが効率的市場仮説である。

## ◆効率的市場仮説とは

効率的市場仮説（Efficient Market Hypothesis：EMH）は、Fama（1970）により体系的にまとめられた仮説で、現代の金融論の中心的な考え方の1つとして位置付けられている。現代ポートフォリオ理論や資本資産価格モデル（CAPM）などの理論は、効率的市場仮説を前提としている。

効率的市場仮説とは、市場にはさまざまな情報が流れているが、すべての利用可能な情報は瞬時に価格に反映される、とする仮説である。例を挙げると、効率的市場仮説に従えば落ちている千円札を拾うことはない。なぜなら、落ちている千円札があるとしても、瞬く間に誰かに拾い上げられるからである。すなわち、今落ちている千円札は価値のないものということになる。効率的市場仮説が正しいと仮定すると、現在の利用可能な情報が、すでに株価に織り込まれるので、ある情報のもとに明日の株価を予測するのは困難である。

## ◆市場の効率性の3分類

Fama（1970）は、利用可能な情報のレベルに応じて、ウィーク、セミストロング、ストロングの3段階の（情報に関する）市場効率性を定義した。

①ウィーク・フォーム（Weak Form）の効率性
　ウィーク型の効率的市場では、過去の価格や取引量など、過去の情報の

みが現在の価格に反映されている。このレベルの効率性が達成されれば、いかなる投資家も過去の情報を用いて未来の価格を予想することができなく、期待収益率を上回って超過収益を得ることができない。したがって、過去の株価を分析するチャート分析などのテクニカル分析は無意味と主張される。ウィーク型の効率的市場に近い考え方として、「ランダムウォーク」と呼ばれる考え方がある。「ランダムウォーク」というのは、株価はランダムに動いており、その動きは予測不可能で、決まった法則性はないとする理論である。

②セミストロング・フォーム（Semi-strong Form）の効率性

セミストロング型の効率的市場では、ウィーク・フォームの効率性の情報に加え、すべての公開情報、たとえば、企業業績、株式分割の公表、アナリスト予想や経済指標などが価格に反映されている。このような市場では、テクニカル分析でも企業や証券の本質的な価値を評価するファンダメンタル分析でも超過収益を得ることができない。ただし、一般には容易に入手できないインサイダー情報（内部情報）を使って超過収益を得ることができる。

③ストロング・フォーム（Strong From）の効率性

ストロング型の効率的市場とは、セミストロング型の効率的市場の情報に加え、まだ公になっていないインサイダー情報までも含めた利用可能なすべての情報が価格に反映されているような市場をいう。このような市場では、インサイダー情報を用いても超過収益を得ることができない。

このように、市場が効率的になるほど市場インデックス（TOPIX、日経平均株価など）をアウトパフォームすることが困難となる。効率的市場仮説が実務界に浸透するとともに、株価指数連動型インデックスとETF（上場投資信託）が誕生し、目覚ましく普及してきた[15]。

昨今の研究では、システマテックリスク（銘柄分散によっても取り除けない
リスク）がポートフォリオのリターンに及ぼす影響は、銘柄選択や分散ポー
トフォリオ構築のスキルよりも数十倍大きいことが証明されている。機関投
資家が気候変動、多様性などのテーマで企業にエンゲージメントすることは、
システマテックリスクを低減する取り組みと捉えられる。このような動きは、
$\beta$アクティビズムと呼ばれる。$\beta$アクティビストは企業ではなく、課題を対
象とすることで、システマテックリスクに大きく寄与する複数の企業や特定
の業種で代表的な企業を対象にする[16]。企業に脱炭素を要求する国際的な
組織「Climate Action 100+」や2023年のトヨタ自動車に対する北欧の投資
家による株主提案は$\beta$アクティビズムと言える。

## ◆世界のユニバーサルオーナーの日本株投資

　Urwin（2011）[17]は、ユニバーサルオーナーシップはインベストメントチ
ェーンの中核であると述べ、ユニバーサルオーナーを100億ドル以上の資産
の機関投資家と定義する。2011年時点で、世界で約300機関がユニバーサル
オーナーと推算されたが、パッシブ運用の台頭により、近年はさらに多くの
ユニバーサルオーナーが存在している。Quick FactSet データによれば、
2023年6月時点で100億ドル以上の機関投資家は5,000社以上存在し、その数
はこの10年間で急激に増加している。**表4-3**は、世界の主なユニバーサルオ
ーナーの株式資産残高とその TOPIX 構成銘柄企業への株式投資状況を示し
たものである。日系の資産運用会社のうち3社は、TOPIX 構成銘柄企業の
8割以上に投資を行っている。日系のみならず、バンガード、ブラックロッ
クなどの外資系の資産運用会社の保有銘柄数も1,300社から2,000社近くであ
る。プライム市場の上場企業は、ユニバーサルオーナーが株主となっており、
彼らはよりシステマテックな課題を意識した持続可能性や社会的責任に関す
る事項をエンゲージメントで求めていることを理解する必要がある。

## 表4-3　TOPIX構成銘柄に投資を行う世界の機関投資家

| 機関投資家名 | 保有銘柄数 | TOPIX中株式保有比率（％） | 機関投資家種類 | 株式投資残高（100万ドル） |
|---|---|---|---|---|
| The Vanguard Group, Inc. | 1357 | 2.4 | Mutual Fund Manager | 4702768 |
| BlackRock Fund Advisors | 1090 | 3.4 | Investment Adviser | 2920048 |
| SSgA Funds Management, Inc. | 1246 | 0.3 | Mutual Fund Manager | 1939257 |
| Fidelity Management & Research Co. LLC | 559 | 1.9 | Investment Adviser | 1176051 |
| Geode Capital Management LLC | 991 | 2.6 | Investment Adviser | 958567 |
| Capital Research & Management Co. (World Investors) | 107 | 3.7 | Investment Adviser | 785091 |
| T. Rowe Price Associates, Inc. (Investment Management) | 165 | 0.9 | Mutual Fund Manager | 772121 |
| Wellington Management Co. LLP | 387 | 2.0 | Mutual Fund Manager | 590750 |
| JPMorgan Investment Management, Inc. | 330 | 2.1 | Mutual Fund Manager | 582140 |
| BlackRock Investment Management (UK) Ltd. | 989 | 3.2 | Investment Adviser | 529783 |
| Northern Trust Investments, Inc. (Investment Management) | 796 | 0.3 | Investment Adviser | 495556 |
| Charles Schwab Investment Management, Inc. | 1197 | 2.8 | Investment Adviser | 495348 |
| BlackRock Advisors (UK) Ltd. | 1039 | 5.1 | Investment Adviser | 495124 |
| Capital Research & Management Co. (Global Investors) | 51 | 1.2 | Investment Adviser | 489306 |
| Dimensional Fund Advisors LP | 1851 | 5.1 | Investment Adviser | 464445 |
| Capital Research & Management Co. (International Investors) | 31 | 0.3 | Investment Adviser | 428627 |
| Massachusetts Financial Services Co. | 223 | 2.5 | Mutual Fund Manager | 379174 |
| Berkshire Hathaway, Inc. (Investment Management) | 5 | 4.4 | Investment Adviser | 361588 |
| Columbia Management Investment Advisers LLC | 93 | 0.9 | Mutual Fund Manager | 290870 |
| Goldman Sachs Asset Management LP | 618 | 1.4 | Investment Adviser | 282544 |
| AllianceBernstein LP | 989 | 1.2 | Mutual Fund Manager | 269429 |
| Legal & General Investment Management Ltd. | 991 | 1.5 | Investment Adviser | 269387 |
| Nomura Asset Management Co., Ltd. | 2156 | 88.5 | Investment Adviser | 267467 |

| | | | | |
|---|---|---|---|---|
| Nikko Asset Management Co., Ltd. | 2156 | 42. 8 | Investment Adviser | 256877 |
| Baillie Gifford & Co. | 231 | 9. 1 | Investment Adviser | 237748 |
| Invesco Advisers, Inc. | 225 | 2. 2 | Investment Adviser | 235104 |
| Mellon Investments Corp. | 1103 | 2. 1 | Investment Adviser | 217434 |
| Vanguard Global Advisers LLC | 1255 | 2. 7 | Investment Adviser | 207322 |
| Parametric Portfolio Associates LLC | 431 | 0. 1 | Investment Adviser | 205309 |
| Dodge & Cox | 13 | 3. 1 | Investment Adviser | 192484 |
| Invesco Capital Management LLC | 785 | 0. 6 | Investment Adviser | 182199 |
| Fisher Asset Management LLC | 36 | 0. 2 | Investment Adviser | 181169 |
| TIAA- CREF Investment Management LLC | 160 | 2. 0 | Investment Adviser | 174652 |
| BlackRock Advisors LLC | 334 | 1. 8 | Investment Adviser | 170630 |
| American Century Investment Management, Inc. | 1338 | 1. 8 | Mutual Fund Manager | 167859 |
| TD Asset Management, Inc. | 323 | 1. 9 | Investment Adviser | 164267 |
| UBS Asset Management Switzerland AG | 281 | 0. 9 | Investment Adviser | 162173 |
| BlackRock Investment Management LLC | 1929 | 2. 3 | Investment Adviser | 161746 |
| Principal Global Investors LLC | 296 | 1. 0 | Investment Adviser | 158577 |
| Amundi Pioneer Asset Management, Inc. | 31 | 0. 2 | Mutual Fund Manager | 152854 |
| Janus Henderson Investors US LLC | 19 | 0. 4 | Mutual Fund Manager | 152632 |
| Franklin Advisers, Inc. | 502 | 0. 8 | Mutual Fund Manager | 147580 |
| Schroder Investment Management Ltd. | 354 | 4. 7 | Investment Adviser | 147093 |
| Teachers Advisors LLC | 350 | 3. 9 | Investment Adviser | 146177 |
| BlackRock Japan Co., Ltd. | 2156 | 33. 1 | Investment Adviser | 141180 |
| Strategic Advisers LLC | 3 | 0. 0 | Investment Adviser | 140351 |
| Jennison Associates LLC | 176 | 1. 1 | Mutual Fund Manager | 137881 |
| APG Asset Management NV | 306 | 6. 4 | Pension Fund Manager | 135413 |
| DWS Investment GmbH | 328 | 2. 9 | Investment Adviser | 131699 |
| Credit Suisse Asset Management (Schweiz) AG | 1015 | 4. 1 | Investment Adviser | 129356 |
| 50位以下の日本の機関投資家 | | | | |
| Daiwa Asset Management Co. Ltd. | 2154 | 82. 7 | Investment Adviser | 126240 |
| Mitsubishi UFJ Kokusai Asset Management Co., Ltd. | 2156 | 48. 6 | Investment Adviser | 108766 |
| Sumitomo Mitsui Trust Asset Management Co., Ltd. | 2097 | 83. 1 | Investment Adviser | 102226 |

出所：Quick Factsetデータを基に筆者作成。

# 5．まとめ

　本章では、ESG 投資の概要と機関投資家が ESG 投資を行う理由について、ユニバーサルオーナーシップ論から考察した。昨今、ロシアによるウクライナ侵攻を契機としてエネルギー問題が浮上し、化石燃料関連銘柄企業の株価が上昇し ESG 指数が低迷した。さらには米国共和党を中心とした反 ESG の動きなど、ESG に対する逆風が強まっている。しかし、ESG 投資残高の伸びは米国、日本で堅調であり、欧州の低迷は ESG ファンドの厳格な規定の適用のためである。ESG は SDGs などの人類の共通の目標を達成する投資方法であり、企業開示、国の政策などと相互補完的に展開されるものである。100億ドル以上の運用資産を持つユニバーサルオーナーは、システマテックリスクを低減するために ESG 投資を行うインセンティブを持ち、積極的に ESG 課題に取り組む立場にある。このように世界の大規模な機関投資家はユニバーサルオーナー化しており、「責任ある投資家」としての活動が広がっている。


(1) ドミニ（2002）、pp.43-46、境（2019）pp.222-223。
(2) 国連 PRI 原則については第 5 章で詳しく述べる。
(3) https://www.jsda.or.jp/about/kaigi/chousa/sdgs_kon/index.html
(4) 日本経済団体連合会（2017）。
(5) GSIA（2020）, p.7．
(6) 日本経済新聞「揺れる ESG、現実解探る」、2022年10月10日朝刊。
(7) 三和（2023）「「人新世」時代の投資家と企業のエンゲージメント」『賢明なる投資家』日本 IR 協議会。日本経済新聞「ESG、17年目の覚醒『投資力』

に磨き変化に懸ける」2022年11月21日朝刊。

(8) Friede, G., T. Busch and A. Bassen（2015）.

(9) Whelan, Tensie, Ulrich Atz, Tracy Van Holt and Casey Clark（2021）.

(10) 日本経済新聞「ブラックロック旗艦ETF、個人が議決権方針を選択可能に」、2023年7月18日朝刊。

(11) Drucker, Peter（1976）.

(12) Monks, R. A. and Minow, N.（2004）.

(13) https://www.gpif.go.jp/esg-stw/GPIF_ESGReport_FY2021_J_01.pdf, pp. 5-6.

(14) Markowitz（1952）.

(15) 大村（2010）、Fama（1970）.

(16) ジョン・ルコムニク、ジェームズ・P・ホーリー（2022）、pp.83-87。

(17) Urwin, R.（2011）, p.32.

第5章　サステナブル・ファイナンスと
機関投資家のエンゲージメント

## はじめに

　本章では、サステナブル・ファイナンスの枠組みを制度と経済的な側面から検討し、各国のその推進プロセスを確認する。サステナブル・ファイナンスの定義は、安定的でレジリエントな金融システムの構築という非常に広範なものから、ESG 要素を統合した金融意思決定という狭義のものまでさまざまである。

　サステナブル・ファイナンスは、1987年の「ブルントラント報告[(1)]」において定義された「持続可能な開発[(2)]」の達成を目指す、より広範な取り組みの一部である。今日、この概念は、国連が発表した「持続可能な開発のための2030アジェンダ[(3)]」とその「17の持続可能な開発目標（SDGs）」の基礎となっており、貧困の撲滅、地球の保護、すべての人々の平和と繁栄の促進を目指している。金融システムにとって、サステナビリティには2つの側面がある。1つは、ESG 要素を金融の意思決定の中心に据えること、もう1つは、長期的な資金を必要とする社会の主要な課題、特に若者の雇用創出、教育や退職金の改善、不平等への取り組み、脱炭素で資源効率の高い経済への転換の加速などの解決に向けて資金を融通することである。このようにサステナブル・ファイナンスとは、経済危機、社会的格差、環境問題に対して資金の融通により解決を目指すことと捉えることができる。一方、金融システムに対する不満の高まりへの対応としても捉えられる[(4)]。

(1) ブルントラント委員会は1983年に国連が創設した委員会である。同委員会は「私たちの共通の未来」（Our Common Future）と題する報告書を1987年に公表した（bledevelopment.un.org/content/documents/5987our-common-future.pdf）（2022年10月取得）。

(2) 「持続可能な開発」とは、ブルントラント報告書において「将来の世代が自らのニーズを満たす能力を損なうことなく、現在のニーズを満たす開発」と初めて定義された概念である。

(3) 2000年の国連ミレニアム・サミットで「ミレニアム宣言」が承認され、2015年までの開発目標、ミレニアム開発目標（Millennium Development Goals：MDGs）が採択された。この MDGs および地球サミットによる成果とそこから学んだ教訓を踏まえて、2015年に新たに2030年までの目標として「われわれの世界を変革する：持続可能な開発のための2030アジェンダ」を採択した（https://www.unic.or.jp/activities/economic_social_development/sustainable_development/2030agenda/2030agenda/）（2023年8月取得）。

(4) Dionysia Katelouzou and Alice Klettner（2022）, pp.551-552.

# 1．サステナブル・ファイナンスとは何か

## 1-1　サステナブル・ファイナンスの制度的枠組み

　サステナブル・ファイナンスを推進・支援する国際的、国内的、地域的なイニシアティブや政策は世界に数多く存在している。2003年に国連環境計画・金融イニシアティブ（UNEP FI）が正式に設立され、これは協調的な政策開発および金融の役割を認識するうえで重要な契機となった。UNEP FI は、2014年に「サステナブル・ファイナンス・システムのデザイン[(1)]」を公表し、具体的な政策オプションの発見に向けた取り組みの強化を示した。また国連 PRI 原則（責任投資）は、ESG の問題を投資実践に取り入れることを目的とした6つの投資原則からなるものである。この原則は、UNEP FI の支援を受けて2006年に公表され、2023年6月現在で署名者数は5,372、内アセットオーナー数は732である。世界の50を超える市場において121.3兆ドルの資産規模の金融機関などが署名をしている[(2)]。

　一方で、国連 PRI 原則の実行性をより高めるため、G20の金融安定理事会は、「気候関連財務情報開示タスクフォース（TCFD）[(3)]」の取り組みを支援し、推進する役割を果たしている。TCFD は、気候関連財務リスク開示の推奨事項を策定している。2019年に国連 PRI 原則は、TCFD に基づく指標に対する報告を署名企業等に義務付けると発表した。

　スチュワードシップ・コードは、欧州、アジア、米国、アフリカ、オーストラリアなどの多くの国で導入され、サステナブル・ファイナンスの枠組みで重要な枠割を果たしている。一部の国では、持続可能性を目指し、金融の

表 5-1 EUにおけるサステナブル・ファイナンス制度化の進展

| |
|---|
| 2016年：市民社会、金融セクター、学界の 20 人の専門家からなる「サステナブル・ファイナンスに関するハイレベル専門家グループ（HLEG）」が設置され、金融の流れを持続可能な投資へと導き、金融システムの安定性を保護する方法について欧州委員会にアドバイスを提供した。 |
| 2017年：株主権指令 I（2007年）に続き、株主権指令 II（SRDII）が導入される。これは、コーポレート・ガバナンスにおける機関投資家の役割を高めるための初期の立法措置であり、特に上場企業における長期的なステークホルダーエンゲージメントを促し、ステークホルダーエンゲージメントに関する透明性を高めることを目的としている。 |
| 2018年：HLEG の提言に基づき欧州委員会は、「持続可能な成長のための資金調達に関する行動計画」を発表し、10のアクションポイントからなる意欲的なアジェンダを打ち出した。機関投資家の義務（行動 7）と情報開示の改善努力（行動 9）に関連する行動計画は SRD II に基づいている。 |
| 2018 年：欧州委員会は、持続可能な経済活動の定義（タクソノミー規制）を定めることを目的とした「持続可能な投資を促進する枠組みの構築に関する規制案」を発表。 |

出所：Katelouzou and Klettner（2022）, pp.555-557. を参考に筆者作成。

制度的枠組みを変更するハードローの動きも出てきているが、コードは基本的に Comply or Explain 原則、すなわち「従うか、あるいは、従わない場合はその理由を説明する」というソフトローの形態をとっている。以下、Katelouzou and Klettner（2022）に基づき、各国のサステナブル・ファイナンスの制度化の進展について概観する。EU は、こうした動きの最前線にあり、EU の立法努力は国際的に先例となっている。**表5-1**は、その動向を示している。

　EU における SRD II（改正・EU 株主権利指令：EU 全体での株式投資、また欧州株式に関連する議決権行使を促進するために、株主の参加を促すことを目指した EU 指令）や、タクソノミー規制（環境問題への取り組みにより持続可能な成長を遂げるために、資本の流れをサステナブルへの投資に向けさせること、気候変動や社会的課題への金融リスクをコントロールすることを目的とした、欧州委員会（EU）が定めた「環境面でサステナブルな経済活動」を示す分類）は、世界の機関投資家にも大きな影響を及ぼしており、日本の規制当局や機関投資家も参考にしている。

機関投資家行動と ESG に関するハードローが存在する国では、① ESG を投資判断に組み込む際の投資家の法的義務の範囲、②同様にその際の透明性確保と報告の必要性、の2つの問題が明確に法律で定められている。スチュワードシップ・コードなどのソフトローで対応する国においては、①の受託者責任については解釈による部分が大きい。②については、世界の25カ国のスチュワードシップ・コードの中で84％が言及している。

　2011年に発行された南アフリカ責任投資規範（CRISA）は、国連 PRI 原則に忠実に従い、ESG 要素を優先させるというものである。カナダのコードの第6原則と日本のコードの第3原則は、リスクマネジメントの観点から ESG 課題に言及している。日本においては2021年のスチュワードシップ・コード改訂時にサステナビリティが盛り込まれた。

　同コードを受け入れる機関投資家は、そのスチュワードシップ活動において、「運用戦略に応じたサステナビリティ（ESG 要素を含む中長期的な持続可能性）の考慮」が求められる。日本のコードでは、スチュワードシップ責任を「機関投資家が、投資先企業やその事業環境等に関する深い理解のほか運用戦略に応じたサステナビリティの考慮に基づく建設的な『目的を持った対話』（エンゲージメント）などを通じて、当該企業の企業価値の向上や持続的成長を促すことにより、『顧客・受益者』（最終受益者を含む）の中長期的な投資リターンの拡大を図る責任を意味する」と定義されている。

　英国の2020年におけるスチュワードシップ・コード改訂では、ガバナンスに加え、環境、特に気候変動、社会に係る要素は、投資家が投資決定やスチュワードシップを行う際に考慮すべき重要な課題と述べられている。UK コード2020の新原則7では、資産運用会社やアセットオーナーは、投資やエンゲージメント活動において重要な ESG 要因と投資活動を統合すること、その意志決定が顧客・受益者の見解や利益に資するのか、などについて説明することが求められる。

　このように、スチュワードシップ・コードを通じて ESG 投資を活性化させるという動向は世界的に見られる。スチュワードシップ・コードの役割は、

単独で投資行動を変えることではなく、共通の「良い」目標を追求する多くの相互補強的な規制手段の１つとして機能することである。開示義務の強化や環境・社会的課題に対する意識の高まりを背景に、同コードは、市民社会と企業の結びつきを強めるツールである。これは特に欧州においては、重要視されている事項である。スチュワードシップ・コードは、金融の意思決定に一般市民の視点を取り入れるシステムツールと言える。日本においても一般市民の視点をインベストメントチェーンに取り入れることが課題である[4]。

## 1-2　サステナブル・ファイナンスの経済的枠組み

**表5-2**は、サステナブル・ファイナンスの経済的フレームワークを示したものである。サステナブル・ファイナンスの進化は、株主価値からステークホルダーの価値、またはトリプルボトムライン（社会、環境、経済的利益）への広がりを示している。通常のファイナンス論では、経済リターンとリスクの最適な組み合わせを探すことで株主価値が最大化される。ここでは株主価値の極大化のみが目的となる。効率的市場仮説に基づくインデックス運用、また株主価値の短期な最大化を求める「物言うファンド」などは、この分類に属する。サステナブル・ファイナンスが進化すると、投資戦略と持続可能性が統合されるようになる。

　サステナブル・ファイナンス1.0（SF1.0）は、問題のある企業を投資対象からは外す、もしくは売却（ダイベストメント）という、いわゆるネガティブスクリーニングの段階である。たとえば、タバコ・対人地雷・クラスター爆弾を販売する企業や児童労働で搾取をする企業、環境面では、廃棄物の投棄と捕鯨関連企業などを排除することが行われている。近年では、化石燃料関連企業も投資（除外）リストに含む投資家もある。

　サステナブル・ファイナンス2.0（SF2.0）では、負の社会的・環境的外部性を投資の意思決定に取り込んでいく、インテグレーションの段階である。ここでは中長期的なリスク要因としてこれらの外部性を取り込むようになる。

| 表5-2 | サステナブル・ファイナンスの経済的フレームワーク | | | |
|---|---|---|---|---|
| 型 | 創造される価値 | 要因の順位 | 最適化 | 時間軸 |
| 通常のファイナンス | 株主価値 | F | Fの最大化 | 短期 |
| SF1.0 | 洗練された株主価値 | F＞SとE | SとEを視野に入れたFの最大化 | 短期 |
| SF2.0 | ステークホルダーズ価値（トリプルボトムライン） | I=F+S+E | Iの最適化 | 中期 |
| SF3.0 | 公益的な価値 | SとE＞F | Fを視野に入れたSとEの最適化 | 長期 |

F：財務的価値、S：社会的インパクト、E：環境インパクト、I：統合的価値、SF1.0では、副次的なSとEの制約のもとのFの最大化
出所：ディアクラーク・シューメイカー、ウィアラム・シュロモーダ著（加藤晃監訳）（2020）、p.26。

SF2.0における企業の対応としては、トリプルボトムラインに基づいた統合報告書やCSR・ESG報告書の作成などがあり、投資家はESGのさまざまなデータ分析により、通常の財務分析に非財務情報を組み入れた企業評価、投資分析を行う。

　サステナブル・ファイナンス3.0（SF3.0）では、ESGに対応しないことの評判リスクの考慮から、ESGに対応することで企業価値を向上できる機会へと移行する。ここでは正の社会的・環境的インパクトを生み出す可能性のある投資プロジェクトの活用が試みられる、インパクト投資やコミュニティ投資の段階である。たとえば、ヘルスケアやグリーンな建物・集合型風力発電所、電気自動車メーカー、土地再利用プロジェクトに資金を提供することにより、ファイナンスは持続可能な開発を育成する手段となる。すなわち投資家は長期的な財務リターンを視野に入れつつ、社会・環境リターンを最大化することを選択するようになる。責任ある社会・環境的慣行を採用している企業は、比較グループと比べて、財務の変動性が低く、売上高成長率が

高く、15年以上存続する可能性が高いという分析もある[5]。近年では、世界的にインテグレーションの段階に進んでおり、さらにSF3.0の投資手法、インパクト投資が重要視されている。今後はリスク・リターン・インパクトの指標を用いた投資が拡大していくであろう。サステナブル・ファイナンスは、地球環境に関する課題（E）、ダイバーシティ＆インクルージョン（D&I）を含む社会的な課題（S）、コーポレートガバナンス（G）に関する課題などを、その資産配分機能に基づき解決でき、投資家自らのリターンも高まる仕組みである。

# 2．日本版スチュワードシップ・コードとコーポレートガバナンス・コード

　金融庁は、2014年に「責任ある機関投資家の諸原則（日本版スチュワードシップ・コード）」を、そして2015年には、金融庁と東京証券取引所は、上場企業の行動原則を示した「コーポレートガバナンス・コード」を公表した。

　スチュワードシップ・コード署名において機関投資家は、期間収益の確保を目的とした短期的な鞘抜きによる投資に偏重するのではなく、中長期的な観点で、投資先企業の価値向上を図るような投資を要請された。日本版スチュワードシップ・コードについては、国の厚生年金と国民年金の積立金を運用するGPIFをはじめ、代表的な公的年金と運用機関が受け入れを表明し、ガバナンスを通した資本市場改革がスタートした。GPIFは2014年3月にエンゲージメントファンドを採用し、現在ESG関連ファンドにも投資を行っている。

　サステナビリティに関しては、2020年の日本版スチュワードシップ・コードの再改訂において盛り込まれた。2020年の改訂においては、①サステナビ

リティの考慮、②適用対象の拡大（債券など「その他の資産」に投資する機関投資家）、③運用機関による開示・説明の拡充、④企業年金等によるスチュワードシップ活動の明確化、⑤機関投資家向けサービス提供者（議決権行使助言会社、運用コンサルタントなど）に対する規律の整備などが新たな論点となった。

## 2-1 コードにおけるサステナビリティの位置付け

同コードを受け入れた機関投資家は、そのスチュワードシップ活動において、「運用戦略に応じたサステナビリティ（ESG 要素を含む中長期的な持続可能性）の考慮」を求められる。スチュワードシップ・コードにおける「スチュワードシップ責任」の定義は、次のように見直された。

「スチュワードシップ責任」とは、機関投資家が、投資先企業やその事業環境等に関する深い理解のほか、運用戦略に応じたサステナビリティ（ESG 要素を含む中長期的な持続可能性）の考慮に基づく建設的な「目的を持った対話」（エンゲージメント）などを通じて、当該企業の企業価値の向上や持続的成長を促すことにより、「顧客・受益者」（最終受益者含む。以下同じ。）の中長期的な投資リターンの拡大を図る責任を意味する。

これを受けて、原則、指針の見直しも併せて行われた。

以下は新しい原則である[6]。

1. 機関投資家は、スチュワードシップ責任を果たすための明確な方針を策定し、これを公表すべきである。

2. 機関投資家は、スチュワードシップ責任を果たすうえで管理すべき利益相反について、明確な方針を策定し、これを公表すべきである。

3. 機関投資家は、投資先企業の持続的成長に向けてスチュワードシップ責任を適切に果たすため、当該企業の状況を的確に把握すべきである。

4. 機関投資家は、投資先企業との建設的な「目的を持った対話」を通じ

て、投資先企業と認識の共有を図るとともに、問題の改善に努めるべきである。

5．機関投資家は、議決権の行使と行使結果の公表について明確な方針を持つとともに、議決権行使の方針については、単に形式的な判断基準にとどまるのではなく、投資先企業の持続的成長に資するものとなるよう工夫すべきである。

6．機関投資家は、議決権の行使も含め、スチュワードシップ責任をどのように果たしているのかについて、原則として、顧客・受益者に対して定期的に報告を行うべきである。

7．機関投資家は、投資先企業の持続的成長に資するよう、投資先企業やその事業環境等に関する深い理解のほか運用戦略に応じたサステナビリティの考慮に基づき、当該企業との対話やスチュワードシップ活動に伴う判断を適切に行うための実力を備えるべきである。

8．機関投資家向けサービス提供者は、機関投資家がスチュワードシップ責任を果たすに当たり、適切にサービスを提供し、インベストメント・チェーン全体の機能向上に資するものとなるよう努めるべきである。

改訂後のスチュワードシップ・コードは、日本の上場株式に投資を行う場合に加えて、『スチュワードシップ責任』の遂行に資する限りにおいて、他の資産に投資を行う場合にも適用することが可能としている。この改訂の結果、たとえば、社債等に投資を行う機関投資家も、日本版スチュワードシップ・コードの適用対象となった。

一方コーポレートガバナンス・コード改定については、2015年の導入後2018年、2012年と２度の改訂が行われた。2021年の改訂の主なポイントは、取締役会の機能発揮、中核人材のダイバーシティ（多様性）の確保、そしてサステナビリティ（持続可能性）への取り組みである。東証の市場改革後のプライム市場では取締役会の３分の１以上の独立取締役が求められること

なった。

　コーポレートガバナンス・コード改定に合わせて、投資家と企業の対話ガイドラインも改定された。経営環境の変化に対応した経営判断の項目に、ESG や SDGs に対する社会的要請・関心の高まりや DX の進展、サイバーセキュリティ対応の必要性、サプライチェーンでの公正・適正な取引や国際的な経済安全保障を巡る環境変化への対応の必要性等の事業を取り巻く環境の変化が、経営戦略・経営計画等において適切に反映されているか、取締役会のもと、または経営陣の側に、サステナビリティに関する委員会を設置するなど、サステナビリティに関する取り組みを全社的に検討・推進するための枠組みを整備しているか、などが追加された。

　さらに、金融庁は2023年6月に「コーポレートガバナンス改革の実質化に向けたアクション・プログラム[(7)]」を公表した。サステナビリティを意識した経営については、①有価証券報告書に新設された人的資本・知的財産・多様性を含むサステナビリティに関する情報開示の枠組みの活用等を通じて、サステナビリティに関する取り組みを促進（例：好事例集の公表）、②サステナビリティ開示基準策定のための国際的な議論に積極的に参画し、人的資本を中心とするサステナビリティ情報の開示の充実を推進、③女性役員比率の向上等、取締役会や中核人材の多様性向上に向けて、企業の取組状況に応じて追加的な施策の検討の実施、などが掲げられた。

　このように、わが国においてもスチュワードシップ・コード、コーポレートガバナンス・コードは、共通の「良い」目標を追求する相互補強的なソフトローとして機能している。金融庁が示す企業向けの開示活用事例などとも相互に連携し、開示義務の強化や環境・社会的脅威に対する意識の高まりという広い枠組みの中で、両コードが中心となりサステナブル・ファイナンスが進められている。

# 3. エンゲージメントの重要性
## ―株主アクティビズムから
## エンゲージメントへ―

　前節で述べた日本版スチュワードシップ・コードとコーポレートガバナンス・コードにおいて、企業と投資家の「目的を持った対話」が促進された。企業と投資家のエンゲージメントという場合、株主や債権者などの投資家と企業の企業価値向上のための「目的を持った対話」を意味する。

　エンゲージメントは、投資先企業との対話や議決権行使を通じて、ESGへの取り組みを促すなど企業行動に影響を与える行動である。本節では、その歴史を振り返る。1980年代後半から米国の公務員年金CalPERS（カリフォルニア州職員退職年金基金）などを中心に企業経営に関与するようになったが、この時代においては、企業が機関投資家と直接的な対話を行う慣習もあまりなく、議決権行使で反対の意見を述べる行動が主であり、その行動は株主アクティビズムと呼ばれた。その後2000年代後半からのESG課題を含む機関投資家の企業経営の関与の時代をスチュワードシップエンゲージメントの時代と位置付けることができる。

## 3-1　株主アクティビズムの時代

　機関投資家が株主議決権を積極的に行使するようになったのは、1980年代後半の米国においてであった。インデックス運用の台頭とM&Aブームが契機となり、より高いリターンを求める機関投資家の動きが株主アクティビズムにつながった[8]。

## ◆インデックス運用の登場

　米国の機関投資家の株式運用は、1970年代初頭の一部優良銘柄、いわゆるニフティ・フィフティ銘柄への集中投資が終焉した以降、保守化傾向が強まっていった。このような動向は、理論面では「効率的市場仮説」の主張によって支えられ、実務界ではインデックスファンドが登場してきた。

　従来の伝統的な投資理論、すなわちファンダメンタル分析やテクニカル分析などの個別銘柄の株価の評価は、誰かが他人より優れた情報処理能力を持ち得るということであり、市場が非効的であることを前提としていた。これに対して効率的な市場では、対市場超過利益を獲得することは困難になる。つまり、あらゆる情報がその発生と同時に瞬時に価格に反映され、その結果、いかなる投資家も他人を出し抜いての利益獲得を図れない、という市場概念が登場した。これが「効率的市場仮説」である。機関投資家の巨大化に伴い市場は効率的になり、アクティブ運用は無意味になる。そこで、現代ポートフォリオ理論と呼ばれる、分散投資によるリスク管理を主たるテーマとした理論が1970年代に実務界に広がった[9]。

　投資手法は基本的に、市場平均並の成果を目指す「パッシブ運用」と、あらゆる面で市場を上回る成果を目指す「アクティブ運用」の２種類に分類される。機関投資家の運用資産規模が巨大化し、多くの運用の専門家が互いに情報を収集し、運用技術の向上に励み、互いに激しいパフォーマンス競争をしている状況では、機関投資家がアクティブ運用で超過収益率を上げることは困難になる。インデックスファンドとは、市場平均を目指す運用であるから、その平均値は当然市場平均に近似する。こうした運用手法は、常に市場平均以上のパフォーマンスの確保を目指して売買執行を行うことが、結局は無意味であるため、「敗者のゲーム」とも呼ばれる。そこでインデックスファンドが台頭してくるのである。インデックスファンドにおいては、市場と類似するポートフォリオが組成され、基本的にそれに組み込まれている個別

銘柄の入れ替えは行われない。

## ◆ ERISA 法の受託者責任

　1974年以降の機関投資家の運用を左右した、もう1つの事柄として、ERISA法（従業員退職所得保障法：米国で制定された企業年金制度や福利厚生制度の設計や運営を統一的に規定する連邦法）の受託者責任規定がある。受託者は、資産運用の際に「同じような能力、資格をもって年金資産の管理に慣れている人、そのような事項に精通している人と同じく慎重に運用しなければならない」という、プルーデント・パーソン・ルールの適用を受ける。このルールとともに、機関投資家は分散投資を拡大させていった。これらのルールの適用により、機関投資家のインデックス運用が合理化される結果となり、1970年代後半の機関の運用は保守化傾向を強めていった。

　さらに、1980年代の機関投資家の規模の成長と株式所有の集中が企業経営の関与を可能にした。すなわち、バーリとミーンズが指摘した「所有と経営の分離」問題を合理的に解決する方法が機関投資家の関与である。これは、株主の受動性の要因ともなっていた集合行動問題の克服である。すなわち、零細な単位で株式を所有する株主にとっては、企業運営に対し積極的行動をとることはコスト＝ベネフィットを考えた場合、非合理的と考えられた。しかし、機関投資家のような大規模な株主にとっては合理的な行動になる。経営に不満足な投資家は、「保有株式を売却する方法を選択する」というウォール・ストリート・ルールは崩壊し、これまで企業経営に対しては受動的であった株主の行動が変化してきた。それは1980年代のM＆Aの勃興時において、より顕著になっていった。

　機関投資家が、それまでの受動的な態度を変化させたのは、1980年代の半ばである。1985年に、当時のカリフォルニア州の財務長官が、テキサコ社（CalPERSが最大の株主）の経営者がグリーン・メール（標的にした企業に高値で買い取らせることを目的にして、その企業の株式を買い集めること。グリーン

はドル紙幣をイメージさせる色で、これに脅迫状を意味する「ブラック・メール」を掛け合わせた造語）に屈したことに憤慨し[10]、機関投資家評議会（The Council of Institutional Investors：CII）を創設した。これは、機関投資家の意見をまとめることを目的として設立された。CII のメンバーは、主として2,000億ドル以上の資産を保有する公務員年金であった。CII は、他の機関投資家の株主行動主義を支援する、また SEC（米国証券取引委員会）や議会に対してロビー活動を行ってきた。

　このように M&A 時に企業と株主、さらに長期的な投資家と短期的な投資家との利害対立がより鮮明になった。これを嚆矢として、米国の公務員年金を中心とした機関投資家がコーポレートガバナンス問題へ関与するようになり、株主アクティビズムの活発化が進んだ。彼らは、主として、①買収防衛策（ポイズンピル）の廃止、②取締役選任、③取締役会の機能向上、④役員報酬など、手法としては当初は株主提案が用いられていたが、企業と機関投資家とのコミュニケーションが進むにつれて、より関係性を重視した機関投資家の関与に変化していった。1993年に CalPERS（カリフォルニア州職員退職年金基金）は、業績やコーポレートガバナンスの要改善企業への関与のために、Relationship Investment Fund を設立し、機関投資家自ら経営戦略やコーポレートガバナンスにアドバイスすることで企業価値、ひいては株主価値の向上を目指した。これらの活動は、株主アクティビズムと言われているが、そのテーマが他のステークホルダーにとっても「共通する良いこと」に拡大してきた段階が、スチュワードシップエンゲージメントと位置付けられる。

# 4．スチュワードシップエンゲージメント

　わが国のスチュワードシップ・コード、コーポレートガバナンス・コードにおいては、エンゲージメントについて「目的を持った対話」とされているが、そもそもエンゲージメントとは、投資家の議決権をベースに直接的かつ柔軟に経営者の規律付けを可能にするものと定義され、株式の売却やその脅威によって規律付けを行うような市場によるコーポレートガバナンスのパラダイムと対照的なものとして位置付けられる。投資家と企業との関係は、1980年代の米国の M&A ブーム時に見られたような "Market for Corporate Control"[11]、すなわち市場による規律付けから、投資家が議決権を行使するなどして、投資先企業の経営により深く関与する株主アクティビズムに移行してきた。株主提案や株主総会時の議決権行使は株主アクティビズムと呼ばれてきたが、近年、非公式な対話を重視するエンゲージメントに移行してきた。企業と機関投資家には、短期的な利益追求ではなく、企業の長期的な価値向上を要求するエンゲージメントが求められている。さらに、エンゲージメントテーマは、株主だけではなくステークホルダーにとっても「共通の良いこと」を行うことをスチュワードシップエンゲージメントと呼ぶ。エンゲージメントの段階は次の3つに分けて考えることができる。

　第一段階のコンプライアンスとは、機関投資家が議決権行使ポリシーを持つことや、議決権行使助言会社の助言に基づき、議決権行使を行うことを言う。この段階では、議決権行使と企業の長期的価値向上は結びつかない。

　第二段階のインターベンションのエンゲージメントにおいては、機関投資家は投資先企業と対話を持つが、短期かつ単発的な行動を取ることを意味する。関与内容は、投資先企業の企業価値向上を目指して事業分割などの経営

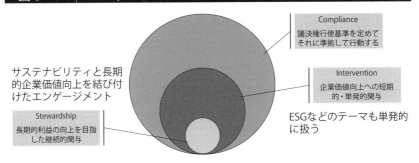

**図5-1　エンゲージメントのレベル**

Compliance
議決権行使基準を定めて
それに準拠して行動する

サステナビリティと長期
的企業価値向上を結び付
けたエンゲージメント

Intervention
企業価値向上への短期
的・単発的関与

Stewardship
長期的利益の向上を目指
した継続的関与

ESGなどのテーマも単発的
に扱う

出所：Winter, Jaap（2011）"Sharehodler Engagement and Stewardship", SSRN.

戦略と ESG（環境・社会・ガバナンス）の分野にわたる。第二段階の活動を行うには、コンプライアンス・エンゲージメントよりも、投資先企業に対する理解、幅広い知識などが必要となる。

第三段階のスチュワードシップエンゲージメントは、前段階と同じく企業戦略、ESG 問題全般に関与し、企業とステークホルダーの長期的な価値・インパクト向上を目指し継続的に関与する。投資家は第二段階においてよりも、深く企業を理解し、情報を獲得し企業と対話を行う必要がある（**図5-1**）。

わが国の機関投資家の議決権行使を中心としたエンゲージメントは、2000年代初頭より活発になってきたが、当初は議決権行使の専門部署を持たない運用会社も多く、第一段階のエンゲージメントレベルであった。昨今の欧州の機関投資家は、第三段階レベルのエンゲージメント、スチュワードシップエンゲージメントとなりつつあり、わが国の機関投資家もこの方向に近づいている。

# 5．まとめ

　サステナブル・ファイナンスとは、経済危機、社会的格差、環境問題など
の解決に向けて資金を融通することを言う。具体的には、ESG 要素を金融
の意思決定の中心に捉えること、そして長期的な資金を必要とする社会の主
要課題、特に若者の雇用創出、教育の質の改善や脱炭素などへの取り組みに
向けて資金を融通することである。この仕組みを促進する制度的な枠組みと
しては、国連の UNEP IF などのイニシアティブや、コーポレートガバナン
ス・コードやスチュワードシップ・コードなどのソフトロー、そして欧州を
中心としたハードローによる制度化の枠組みがある。日本においては、両コ
ードと企業の非財務情報の開示促進が中心となってサステナブル・ファイナ
ンスが促進されている。このようなシステムにおいては、機関投資家には非
常に重要な役割が期待され、なかでもエンゲージメントは相互理解、サステ
ナブル・ファイナンスの重要なツールである。

(1) Inquiry into the Design of a Sustainable Financial System（https://www.
　　unep.org/news-and-stories/press-release/inquiry-design-sustainable-
　　financial-system）.
(2) PRI "Signatory Update April to June 2023"（https://www.unpri.org/
　　download?ac=19120）（2023年 8 月取得）。
(3) TCFD とは、G20の要請を受け、金融安定理事会（FSB）により、気候関連
　　の情報開示および金融機関の対応をどのように行うかを検討するために設
　　立された「気候関連財務情報開示タスクフォース（Task Force on Climate-
　　related Financial Disclosures）」を指す。

(4) 遠藤直哉（2012）『ソフトローによる社会改革』（幻冬舎）は、行政庁内部で作成されるガイドラインなどの公的ソフトローと各種団体が作る指針などの民間ソフトについて言及し、市民が変えられる社会づくりを提言している。

(5) Oritz-de-Mondojana and Bansal（2016）.

(6) 金融庁「『責任ある機関投資家』」の諸原則《日本版スチュワードシップ・コード》2020年改訂版〜投資と対話を通じて企業の持続的成長を促すために〜」（https://www.fsa.go.jp/news/r 1 /singi/20200324/01.pdf）。

(7) https://www.fsa.go.jp/news/r 4 /singi/20230426.html

(8) 本節は三和（2009）を引用している。

(9) 第4章4 – 2参照。

(10) コーポレート・レーダーとして有名なカール・アイカーンなどが、テキサコ社に経営改革などを促した。

(11) Mann（1965）.

# 第6章

**6**

第　章

## 国内外の機関投資家の
## エンゲージメント事例

## はじめに

　筆者は、2014年に国内外の機関投資家のエンゲージメントに関するインタビュー調査を行った[1]。当時の国内機関投資家においては、エンゲージメントは浸透している状態ではなく、国内と海外機関投資家によるエンゲージメントには大きな差があった。具体的には、まずエンゲージメントの体制についてである。海外では、専門部署によるエンゲージメントがなされている一方、国内ではファンドマネージャーらによるエンゲージメントが一般的であった。次に、エンゲージメントのテーマについてである。海外では、環境・社会問題はセクター別、ガバナンスは共通項目として考えられている一方、国内では、個別企業毎にテーマが設定され、特に事業戦略や資本政策に関連したテーマについてエンゲージメントが行われていた。エンゲージメントの手法については、国内・海外いずれも企業との直接対話を重視する点は一致する。ただし、共同エンゲージメントについては、それぞれ異なる見解を持っている。海外では共同エンゲージメントが効果的なエンゲージメントの1つであると考えているのに対し、国内では否定的な見解が持たれていた。

　海外機関投資家は、エンゲージメントの成功の定義を「マイルストーンの達成」とし、その要因は「信頼関係を構築する工夫」、「対話の中身」、エンゲージメント失敗の原因は、「経営者との意見の不一致」、「経営者が株主に耳を貸さない」ということを挙げていた。一方で、日本の機関投資家は、エンゲージメント成功の定義を「株価がフェアバリューに達する」、「資本政策が変わる」とし、エンゲージメント成功の要因は「経営者の資質」、エンゲージメント失敗の要因は「経営者の能力」、「聞く耳を持たない」などを挙げた。2014年と言えば、日本版スチュワードシップ・コードが導入された年でもあり、日本において機関投資家のエンゲージメントはこれから拡大していく時期であった。あれから約10年が経ち、日本の機関投資家のエンゲージメントも大きな進化を遂げている。

　本章では、国内外のアセットオーナー、アセットマネージャー、Norges Bank Investment Management、Legal & General、野村アセットマネジメントの事例を紹介する。

(1) 本調査は三和（2016b）を参照。

# 1. Norges Bank Investment Management[1]

　Norges Bank Investment Management（NBIM）は、油田開発により得られた資産の管理を行う Norway Government Pension Fund Global の運用部門であり、2023年現在で約1.5兆ドルの資産を運用している。ノルウェー政府とノルウェー連邦議会に代表されるノルウェー国民によって所有されている。同基金の正式な運営責任はノルウェー財務省が負い、中央銀行であるノルウェー銀行（Norges Bank）が、財務省の定める運用権限の範囲内で、基金の運用管理を行っている。ファンドの全体的な投資戦略は、運用マンデート[2]に定義されている。この戦略を支える重要な前提は、広範な分散投資によって全体的なリスクを低減できるということである。ノルウェー銀行は、財務省のアドバイザーとしての役割を通じて、ファンドの戦略策定に貢献している。戦略の重要な変更は連邦議会で決定される。

 ## 1-1　エンゲージメントの目的と取り組み

　運用マンデートにおいては、ESG に配慮する責任投資がファンド運用において不可欠なものと定められ、責任投資とエンゲージメントを含む概念をアクティブ・オーナーシップとして捉えている。これは長期的な価値創造と、可能な限り最高のリターンを目指す手法として位置付けられ、気候変動に関連するリスクと機会の管理は、最も重要な優先事項である。具体的には、パリ協定に沿った秩序あるエネルギー転換、2050年までに投資先企業をネット・ゼロ・エミッションに向かわせるようエンゲージメントを行うことが課題として挙げられている。

NBIM にとっての広義のエンゲージメントは、以下の4つの活動を指す。

①国際的な基準設定主体、市場参加者、各国の取引所と協力し、十分に機能する効率的市場の育成を促進する。国際的な原則については、あらゆる基準の向上目指しており、日本の金融庁や東京証券取引所とも積極的にエンゲージメントを展開している。
②企業パフォーマンスと ESG データの質、その利用可能性を向上させるため、企業にサステナビリティレポートの開示を求め、環境・社会デューデリジェンスの義務化を推進する。
③気候変動と人権に関する NBIM の期待をより明確にし、企業のモニタリングの在り方と消費者の利益に関する NBIM の見解を伝える。
④ベスト・プラクティスをより効果的に推進するため、他の投資家と連携し、専門知識を共有する。業界のイニシアティブや新興市場の基準設定主体との関与を強化する。

　NBIM は運用プロセスやエンゲージメントにおいて、IT インフラ活用、人材教育にも積極的である。また、膨大な市場・非市場データを活用し、機械学習をサポートして投資プロセスの強化を図るなどの工夫をし、外部コンサルタントへの依存を減らす努力をしている。

## 1-2　エンゲージメント対象企業とテーマ

　NBIM のエンゲージメント対象企業は、ポートフォリオにおいて保有比率の大きい企業や、重要セクターや企業固有のリスクを抱える企業を対象とし、2022年においては11,616件の議決権行使、2,911件の企業とのエンゲージメントを行い、そして74社は高リスクとしてダイベストメント（売却）を行った。
　NBIM は基本的に、ガバナンスとサステナビリティの優先課題について、

企業とエンゲージメントを行い、その結果をフォローアップすることで、長期的な価値創造に貢献する。議決権については、積極的に活用し、投資家の意見を伝え取締役会に説明責任を果たせさせる。企業がNBIMの期待に応えられない場合は、株主提案の提出を検討するというスタンスである。

　2022年の重要なテーマは、第一に「気候変動」である。NBIMは、「2025年気候変動アクションプラン」を発表し、市場基準の改善、ポートフォリオ企業の気候変動リスク耐性の強化、投資先企業との効果的なエンゲージメントを目標とした行動を打ち出した。その他のテーマとして2022年には、「男女の多様性」、「取締役会の説明責任」、「CEOの報酬」という3つの分野で議決権行使基準を更新した。具体的には、取締役会に男女各2名以上いない場合、指名委員会委員長の再選に反対する基準が小型株企業にも拡大された。また、気候変動リスクの監督・管理・開示において明らかな失敗があった場合、役員選任議案に反対、CEOの報酬に関してインセンティブ構造が株主利益に合致していない場合、エンゲージメントで伝える方針である。

## 1-3　エンゲージメントテーマ選定

　NBIMは国際的に合意された基準をもとに、企業、学識経験者、市民社会との対話から情報を得て、エンゲージメントテーマを設定している。このため、多様なステークホルダーとのエンゲージメントに非常に積極的である。特に市民社会とのコミュニーション、情報共有を大事にしている。2022年には、先住民の権利、環境・生物多様性、人権・労働権などの視点から、鉱業が鉱山に与える影響に関する情報を共有する目的で市民団体との対話を行った。

　このようにNBIMは毎年、NGOや市民招いてセミナーを開催し、意見交換や責任投資に関する取り組みについて議論するなど、市民団体とのエンゲージメントを大切にしている。多様なステークホルダーとのエンゲージメントが同社の責任投資戦略やエンゲージメントテーマの策定に果たす役割は大

きいといえる。アセットオーナーはインベストメントチェーンの頂点ではなく、一番重要な存在は市民であることが根底にある。

さらにNBIMは2022年に、4つの国際労働組合がノルウェーの責任ある企業行動全国連絡窓口（National Contact Point for Responsible Business Conduct）に提出した事件の調停に参加した。これは、マクドナルド社におけるジェンダー関連のハラスメントなどの申し立てと、関連する投資家のデューデリジェンスに関するものであった。その結果、OECD多国籍企業行動指針のデューデリジェンスに関する事項の遵守に関して、当事者間で合意が成立した。

## 1-4　CEOメッセージ（Responsible report）

下記は、2022年のNBIMの責任投資レポートにおけるCEOのメッセージである。

「取締役会がその職務を全うすることが株主としての関心事である。経営陣を効果的に監督できる強力な取締役会は、価値創造の基本である。CEOと取締役会議長は同一人物であってはならない。独立性が高く、多様な能力を持ち、仕事をするのに十分な時間を持つ取締役が必要である。これらはグッド・ガバナンスの柱である。

2022年我々は、46,452人の取締役候補者に投票した。我々は、そのうちの6％に反対票を投じた。気候変動問題、エネルギー転換は重要な機会と捉えている。将来を見据えた取締役会はこの計画を立てているが、多くの取締役会はまだ計画を立てていない。投資家として、我々は声を上げていく。（中省略）

ESGが政治的なものであるとの見方が強まった。我々はこれを憂慮している。責任ある企業は、自社の事業が環境と社会に及ぼす影響を把握し、機会を追求しリスクに対処する。これは優れた経営管理である。我々にと

って、ESG は政治ではなく常識である（For me, ESG is not politics it is common sense.）。我々は、より良い投資判断を下すために、ESG を考慮した分析を統合している。こうして将来の世代ために富を築く。[3]（中省略）

　我々は、アクティブ・オーナーシップが機能すると強く信じており、その努力の結果が実りつつある。それは、気候変動に関する企業の取り組みの多くが改善されたことである。また、国際サステナビリティ基準委員会（ISSB）が設立され、企業の持続可能性に関する情報開示が促進されることを嬉しく思う。ESG データの向上は当社の投資判断とオーナーシップ業務の双方に有益である。

　我々は、我々のオーナーであるノルウェーの人々に、我々の責任投資活動について伝えることに重点を置いている。本レポートは、急速に進化するこの分野でリーダーシップを発揮し続けるために、我々がどのように取り組んでいるかについての情報を提供するものである。」

CEO の「ESG は政治ではなく常識である」という言葉からは、ステークホルダーが求める未来を築くことに対する強い意志を感じる。NBIM のエンゲージメントは、ステークホルダー、特に市民や NGO との対話、情報共有によりテーマが定められているところに特徴がある。NBIM は、環境・社会デューデリジェンスの義務化を推進している。また同社は、究極的なオーナーであるノルウェーの国民に、責任投資活動を伝えることに重点を置いており、アセットオーナーの説明責任という点でも学ぶ点は大いにある。

# 2. Legal & General[(4)]

Legal & General Investment Management（以下、LGIM）は創業1836年の保険会社 Legal & General Group の資産運用部門である。LGIM は1.6兆ドルの運用資産を保有する世界有数、欧州最大級の資産運用会社である。同社は2010年からアクティブ・オーナーシップを推進しており、投資先企業とのグローバルなエンゲージメント活動を行い、毎年報告書を作成・公表している。

## 2-1　エンゲージメントの目的と取り組み

LGIM は、ユニバーサルオーナーとして持続可能な市場と経済を育成することにより長期的なリターンを向上させること、機会を発掘しリスクを軽減するためには、責任ある投資が不可欠と考えている。

Legal & General Group は英国を代表する金融サービス・グループであり、持続可能な金融とゼロ・カーボンの未来を目指す世界的な大手投資家である。同社は、顧客の資金をすべての人の生活を向上させるものに投資することによって、長期的により良い社会を構築することを目指しており、パーパスとして Inclusive Capitalism（包摂的な資本主義）を掲げている[(5)]。

LGIM は資産の配分にあたって、潜在的な環境的・社会的インパクトついて広範な調査を行う。同社は、ESG への取り組みがもたらす結果と投資リターンの時間軸は必ずしも一致しないため、忍耐が必要であるとの認識を示し、長期的かつシステミックな変化をもたらすには、ESG への取り組みに関与することが最善の方法であると考えている。この関与はインベストメント・スチュワードシップと呼ばれ、それは顧客に代わって運用する資産を、

環境、社会経済に持続可能な利益をもたらすように責任を持って監督することと定義される。これには、個別企業や市場全体に関するものまで、さまざまなリスクや機会を考慮した投資先企業とのエンゲージメントが含まれる。

2022年度における環境のエンゲージメントの目標として下記が挙げられている。

①全運用資産において、2050年またはそれ以前に温室効果ガス排出量をネットゼロにする。
②2030年まで中間目標として、運用資産の70％をネット・ゼロにする。
③2050年までに不動産ポートフォリオ全体でネット・ゼロを達成する。
④新興市場にまで多様性に関する取り組みを拡大する。コモディティ投資等を中心として森林破壊防止に取り組む。

## 2-2　責任投資プロセス

LGIM は、「責任投資とは、持続可能な成果を生み出すために、企業、規制当局、政策立案者への働きかけとともに、ESG を考慮した投資判断を取り入れること」と定義する。

この目的の達成のために、責任投資プロセスを確立している。

①調査：
　厳密な分析を通じて ESG の主要課題を特定し、投資プロセス、戦略、ソリューションの一部として考慮する。
②関与：
　これらの課題に関して、企業やその他のステークホルダーと協働する。また、政策立案者、規制当局、業界同業者、ステークホルダーと協働し、市場全体の基準を高める。

③成果：

必要に応じて、スチュワードシップ・ツールを通じてエンゲージメント活動をエスカレートさせ、聞く耳を持たない企業に対して措置を講じる。また、ESG に関する知見を投資判断に役立てる。

このアプローチの一環として、LGIM は外部の情報プロバイダを使用し、ESG スコア、アクティブ ESG ビュー、LGIM Destination@Risk などの独自のツールを導入している。

# 3．LGIM エンゲージメント推進組織

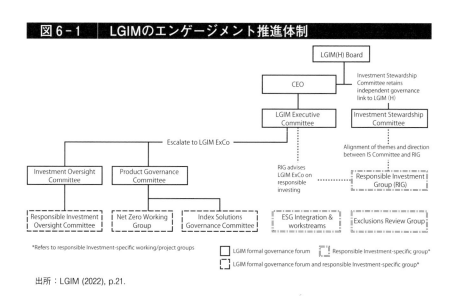

図 6 - 1　　LGIMのエンゲージメント推進体制

出所：LGIM (2022), p.21.

LGIM の責任投資体制の強さは、そのガバナンス構造にある（**図6-1**）。責任投資体制や活動は、LGIM のコーポレートガバナンスに組み込まれ、取締役会の監督下にある。スチュワードシップ活動は LGIM Executive Committee のメンバーが管理し、CEO へ直接レポートする建付けである。それは、独立社外取締役が委員長を務めるインベストメント・スチュワードシップ委員会（Investment Stewardship Committe）によって監督されている。

　LGIM グループの責任投資戦略の実施と監視は、経営陣および取締役会などの最高レベルのガバナンス機関によって監督・監視されている。また、スチュワードシップ活動に携わるチームの専門性も高く、各自がそれぞれの専門テーマで、グローバルにエンゲージメント活動を行っている。2022年末時点で、平均11.5年の経験を持つ26名の専門家で構成されており、メンバーの専門分野は、責任投資、会計・監査、インパクト投資、公共政策などであり、セクターのスペシャリスト、ESG の専門家も含まれる。LGIM の国際化戦略に沿って、チームは英国、日本、米国に拠点を置き、2023年からはシンガポールにアジア（日本以外）のヘッドを新たに任命するなど、グローバルな活動を展開している。スチュワードシップ・チームは、北中米からヨーロッパ、中東、東アジアに至るまで、およそ10カ国の国籍を持つ多様なメンバーで構成されている。

## 3-1　エンゲージメントチームの人材育成

　LGIM は2022年に、国連 PRI 原則（責任投資）と提携し LGIM ESG アカデミーという研修プログラムを展開した。これは、責任投資家としての LGIM の目的およびその活動と各自の職務がどのように関連し、相互作用するかについて全社員に教育をすることを目的とした研修システムである。LGIM の社内プラットフォーム上にあるこのアカデミーは、社内外の専門家が提供する幅広い学習モジュールとトレーニング・ビデオで構成されている。これは同社のインターンや新卒者向けプログラムにも使用されている。同プログラ

ムは、LGIM の ESG インテグレーションを会社員に浸透させ、責任ある投資が LGIM 全体の企業文化となり、日常の業務遂行に反映されるような内容となっている。

　さらに LGIM では社員の年間報酬指標として、企業文化やダイバーシティやインクルージョン（D&I）といった ESG 要素が反映される仕組みとなっている。また ESG 基準は、投資チームの目標にも組み込まれている。たとえば、同社の社内チーム GREG（Global Research and Engagement Groups）においては投資プロセスへの貢献という意味で、リサーチ部門に特にウェイトを置く仕組みとなっている。また、企業とのエンゲージメントの効果を測定し、その成果を定量化しようと努めているが、個人の報酬はエンゲージメントの総数に基づいてはいない。代わって、エンゲージメントの質、エンゲージメント・トピックに関する一貫したメッセージング、主要な指標に対する進捗状況、コミュニケーション・レベルの向上に重点を置いている。

　また LGIM は、多様性が浸透し、誰もがつながりを感じられるインクルーシブな会社を目指すなど、事業会社としての取り組みにも積極的である。たとえば、ダイバーシティ＆インクルージョンカウンシルを設置し、ダイバーシティ・プロジェクトに取り組んでいる。このプロジェクトには、将来の女性ポートフォリオ・マネージャーの育成に焦点を当てたパスウェイ・プログラムの立ち上げも含まれる。また、10,000人の Black Interns Initiative も立ち上げ、2023年1月、同社は *Investing in Ethnicity* 誌により、人種的多様性の改善に対するリーダーシップとコミットメントが認められた25の組織の1つに選ばれた。

## 3-2　エンゲージメントテーマと活動内容

　LGIM のインベストメント・スチュワードシップ・チームは、2022年に361件のミーティングと863件の書面でのエンゲージメントを実施した。気候変動は、引き続き最も頻繁に議論されたトピックであった。エンゲージメン

トの対象者として、経営陣や社外取締役と定期的にミーティングを行っているが、ファーストコンタクトは通常、取締役会議長である。2022年には、チームの関与は、主に電話、ビデオ会議、電子メールによるものであったが、対面での会議が徐々に重視されるようになってきている。

これらの会議には、通常スチュワードシップ・セクター・リードと呼ばれる同活動のリーダーが出席し、アセットクラス全体のポートフォリオ・マネージャーやアクティブ・リサーチ・アナリストが参加することもある。トピックによっては、報酬、健康と人材、気候変動など、テーマ別の専門家が出席することもある。エンゲージメントをテーマ別に見ると、ガバナンスが787、環境636、社会271、その他187という件数であり、地域別に見ると北米の件数が439件と最も多い。

気候変動に関しては、5,000社以上のユニバースから20の気候変動セクターに分類し、LGIMが定める環境基準を満たさない企業に対しては、取締役会議長に反対票を投ずる。環境に関するエンゲージメントの対象企業数はおよそ100社であり、ネット・ゼロ・エミッション目標、短期・中期目標を含む移行計画の開示、役員報酬との関連などについてエンゲージメントを行っている。エンゲージメントで提案に応じる企業の割合は80％と高いが、新興市場（中国、インド、マレーシアを含む）の企業の反応はいまだ鈍い状況である。エンゲージメント対象者がCEOやボードメンバーの場合、よりエンゲージメントの効果が得られている。

次に、社会の分野においては、ダイバーシティ（多様性）は優先的課題となっている。2020年にLGIMは、英国の大企業100社と米国の大企業500社を対象に、取締役会の民族的多様性に関するキャンペーンを開始した。この時の要求は、2021年までに取締役会で民族的に多様な代表を揃えること、できない場合は取締役選任議案に反対票を投じるというものであった。当時、基準に満たしていなかった79社のうち、最終的に反対票を投じたのは米国企業1社のみであった。その後、対象企業にエンゲージメントを続け、2022年に基準を満たさない企業は6社に減少した。エンゲージメントの成果がここ

に表れている。

　その他、栄養に関するテーマとして、ダノンやゼネラル・ミルズ、クラフト・ハインツなど12社に対して、栄養戦略に関する透明性、栄養戦略の進捗状況の実証、健康的な食品・飲料製品に関連する事業ポートフォリオなどに関してエンゲージメントを行っている。

　エンゲージメントの成功は「変化」と認識され、企業や政策立案者と建設的に関わることが、長期的かつ体系的な変化をもたらす最善の方法であると考えれている。ESG に無関心な企業や最低基準を満たさない企業には、議決権行使で反対票を投ずる、また最後の手段としてダイベストメント（売却）を行うこともある。たとえば、気候変動に対する行動に関する最低要件を満たしていない企業、国連グローバルコンパクトに恒常的に違反し、1つ以上の原則に36カ月以上違反していると評価された企業、対人地雷、クラスター爆弾、生物・化学兵器など、問題のある兵器の製造・生産に関与している企業などは投資を控える。

　LGIM は、特に環境分野においてそのスチュワードシップ活動を行うための同社が考える基準や独自の ESG スコアに関する開示を積極的に行っている[(6)]。

## ● 3-3　エンゲージメントテーマの選定

　LGIM は、今後のエンゲージメントテーマや議決権行使の方針を策定するにあたり、顧客の意見を反映させるフィードバックシステムを構築している。LGIM の顧客であるアセットオーナー、企業年金の加入者に対して、特定の注目度の高い議決権行使に対して議決権行使権限を移管するというものである。フィンテック企業の Tumelo との共同開発で実現したシステムである。

　過去3年間の調査の結果、最終受益者である年金加入者の関心が高かった上位3テーマは、①環境とロビー活動、②平等と人権、③役員報酬であった。個別企業への提案では、クローガーやアマゾンに対する包装資材のリサイク

ルを検討する提案、マスターカードやイーベイへの役員報酬に関する投票、デルタ航空への気候変動に関する活動報告書の提出を求める提案などに、高い関心が集まった。また、テスラに対する役員報酬や、人権に関する報告書を要求する株主提案についても高い関心が寄せられた。

　資産運用会社が、最終受益者である年金加入者の意見を聞くシステムを持っており、取り組んでいることは、インベストメントチェーンにおける自らの役割を認識しているからこそできることである。このようなシステムは、市民の意見をエンゲージメントに反映させることを可能にし、貯蓄者が投資により積極的に関与することにもつながる。

　また、デジタルソリューションツールを使うことにより、受託者である資産運用会社は最終受益者にとって最も重要な ESG 課題を特定することができ、受託者、年金加入者、LGIM の投資スチュワードシップ・チーム間のエンゲージメントが促進される。

　このシステムは、アセットオーナーと資産の受託者の議決権行使プロセスをモニタリングする新たな規制によって推進されたものである。最終受益者の意見を反映させる仕組みの構築は、非常に重要な課題である。

# 4. 野村アセットマネジメント株式会社[7]

　わが国において、最大の資産運用規模80.4兆円（2023年12月末）を誇る野村アセットマネジメント（以下、NAM）は、現在の責任投資委員会のルーツとなる2001年に議決権行使委員会、2011年に ESG 委員会（現 責任投資委員会）を発足し、早くから「責任投資」を意識した取り組みを行っている。こ

こでは、NAM のエンゲージメントについて紹介をしよう。

## 4-1　エンゲージメントの目的

　NAM は、自社が目指す社会として「持続可能な豊かな社会、すなわち豊かな自然環境が保全され、多様な価値観を持つ人的資本が活用され、技術革新による経済が発展し、そして人権が尊重され人々がウェル・ビーイングな状態で活躍する社会であり、それは ESG 課題が解決され SDGs が達成された社会」と定義し、個人投資家や年金基金などのアセットオーナーから資産運用を受託する NAM がインベストメントチェーンの実現を目指すこと宣言している。すなわち、NAM が目指す社会を、インベストメントチェーンを通じて実現するために、責任投資およびエンゲージメント活動が位置付けられる。

　同社のエンゲージメントは「運営における責任投資の基本方針」に定められる「投資先企業の望ましい経営の在り方[8]」に基づいて行われる。

### ◆「投資先企業の望ましい経営の在り方」

　望ましい経営の在り方は、社会・環境課題への取組み、資本の効率的な活用、コーポレートガバナンス機能の発揮、適切な開示と投資家との対話の 4 項目にて示される。

1．環境・社会課題への適切な取り組み
　　・ESG 関連のマテリアリティの開示、気候関連財務情報開示タスクホース（TCFD）への対応、SBT 認定の取得、自然資本、人権問題、多様な価値観を持つ人的資本など。
2．資本の効率的な活用による価値創造
　　・資本コストを意識した経営、成長戦略に沿った事業ポートフォリオ、

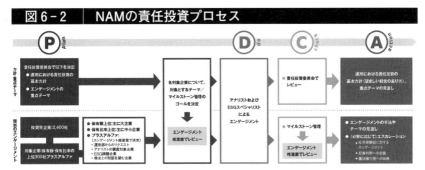

**図6-2　NAMの責任投資プロセス**

出所：https://www.nomura-am.co.jp/special/esg/engagement/

圭江資源の最適な配分など。

3．コーポレートガバナンス機能の十分な発揮
  ・取締役会の機能発揮、経営陣の報酬とサステナビリティ、少数株主の最善の利益、コンプライアンス、内部統制など。
4．敵切な情報開示と投資家との対話
  ・各国の規制当局や国際的なイニシアティブの動向を踏まえた適切な基準等に則り、適時・適切に情報を開示すること、投資家とのエンゲージメント、不祥事等企業価値を大きく損なう行為が認められた場合、原因追及と再発防止策の開示など

## 4-2　エンゲージメントプロセスとテーマ

**図6-2**は、同社のエンゲージメントプロセスを表している。エンゲージメントテーマ設定（Plan）、アナリストやESGスペシャリストなどによるエンゲージメント（Do）、責任投資委員会でレビュー（Check）、責任投資基本方針やエンゲージメントテーマの見直し（Action）というPDCAのプロセスで行われている。

　ESG課題を含む、さまざまな課題を企業に働きかけていく中心的な役割を果たす機関が、責任投資委員会である。この責任投資委員会で運用におけ

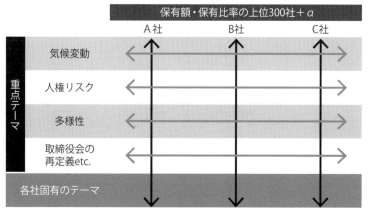

**図6-3　野村アセットのエンゲージメントテーマ**

保有額・保有比率の上位300社＋α

A社　　B社　　C社

| 重点テーマ | 気候変動 |
| | 人権リスク |
| | 多様性 |
| | 取締役会の再定義etc. |

各社固有のテーマ

出所：野村アセットマネジメント（2022）「責任投資レポート2022」、p.60。

る責任投資の基本方針、およびこれに基づくエンゲージメントの重点テーマの見直し決定がなされる。これに沿って運用調査部門でエンゲージメントが実施される。そこでは、企業調査部のアナリストと責任投資調査部のESGスペシャリストがエンゲージメントを行っているが、それを統括する部門として2021年に設立されたのが、エンゲージメント推進室である。運用担当者が推進室のメンバーとなり、投資先企業に対してエンゲージメントの要望を伝達するほか、エンゲージメントの状況を把握し投資判断に反映している。具体的には、個別企業のエンゲージメントにおいては、明確なゴールを定めて、３年をめどに目標達成を目指す、というマイルストーン管理を行っている。

　エンゲージメント対象企業は、投資先企業2,400社の中から、大企業であれば保有額上位の企業に、また中小企業の場合は、保有比率が上位の企業の中から、運用部からのリクエスト、アナリストの調査対象企業、ESG課題企業、株主との対話を望む企業といった基準で、約300社がエンゲージメント推進室で管理する企業となる。各対象企業のエンゲージメントテーマの決定については**図6-3**が示すように、企業ごとの個別テーマ（縦軸）と重点テ

| 表6−1 | NAMのエンゲージメント重点テーマ |
|---|---|
| 1. 事業戦略とサステナビリティの統合 | 6. ウェル・ビーイングな社会の実現に向けた課題解決 |
| 2. 気候変動 | |
| 3. 自然資本 | 7. 取締役の再定義 |
| 4. 人権リスク | 8. 資本効率性に対するコミットメントの強化 |
| 5. 多様な価値観を持つ人的資本の活用 | 9. 合理的な財務戦略の説明 |

出所：野村アセットマネジメント（2022）「責任投資レポート2022」、p.66。

ーマ（横軸）で絞り込んでいる。縦軸では、ポートフォリオの付加価値である α を目指し、横軸に示すテーマが、ESG 関連の重点テーマに基づくエンゲージメントである。2022年においては、1,010件、2,424テーマのエンゲージメントを行い、そのうち69％が ESG 関連であった。

NAM は、日本企業の現状の課題を次のように捉えている。

・量的・成長・多角化からの資本効率性向上へ
・多様性の向上
・経営陣に対する監督機能の強化
・ステークホルダーへの配慮
・社内の変革
・外部環境の変化に対する適時的な対応

そのうえで、**表6-1**に示す9つの重点テーマを挙げている。その重点テーマのうち、4つがガバナンスや事業・財務戦略に関するものであり、日本の資産運用会社は、コーポレートガバナンス・コード、スチュワードシップ・コードに従った内容のエンゲージメントが中心といえる。

## 4-3　モニタリング・ボードの促進

NAM は、企業の取締役会の在り方について「モニタリング・ボード」の

## 図6-4　モニタリング・ボードの促進

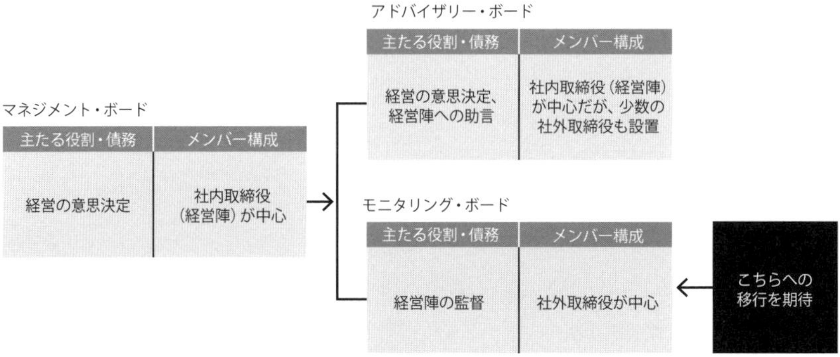

アドバイザリー・ボード

| 主たる役割・債務 | メンバー構成 |
| --- | --- |
| 経営の意思決定、経営陣への助言 | 社内取締役（経営陣）が中心だが、少数の社外取締役も設置 |

マネジメント・ボード

| 主たる役割・債務 | メンバー構成 |
| --- | --- |
| 経営の意思決定 | 社内取締役（経営陣）が中心 |

モニタリング・ボード

| 主たる役割・債務 | メンバー構成 |
| --- | --- |
| 経営陣の監督 | 社外取締役が中心 |

こちらへの移行を期待

出所：野村アセットマネジメント（2022）「責任投資レポート2022」、p.24。

促進を重要な課題として挙げている。従来の日本企業の取締役会は、社内取締役が中心の意思決定を行うマネジメント・ボードであったが、今後の在り方として、社外取締役が中心となり、経営の監督を行うモニタリング・ボードへの移行を期待し、それを推進することを明確に示している（**図6-4**）。モニタリング・ボードの要件としては、下記の8要件を挙げている。

①取締役の人数が5名以上20名未満
②社外取締役が過半数
③社外取締役が過半数を占める指名・報酬委員会を設置し、社外取締役が議長に就任
④女性の取締役が取締役の人数の10%以上
⑤買収防衛策を導入していない
⑥政策保有株式を過大に保有していない
⑦監査役会設置会社の場合、取締役の任期が1年
⑧支配株主がいる場合、取締役会議長は社外取締役

これらの要件に鑑みて、モニタリング・ボードと判断できる場合、役員報

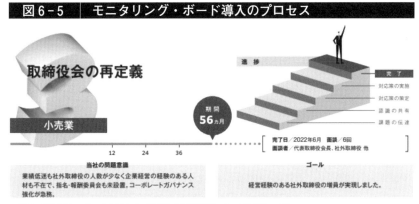

**図6-5　モニタリング・ボード導入のプロセス**

取締役会の再定義

小売業

期間 **56カ月**

完了日／2022年6月　面談／6回
面談者／代表取締役会長、社外取締役 他

進 捗
完 了
対応策の実施
対応策の策定
認識の共有
課題の伝達

当社の問題意識
業績低迷も社外取締役の人数が少なく企業経営の経験のある人材も不在で、指名・報酬委員会も未設置。コーポレートガバナンス強化が急務。

ゴール
経営経験のある社外取締役の増員が実現しました。

出所：野村アセットマネジメント（2022）「責任投資レポート2022」、p.62。

酬に関する基準や取締役選任に関する基準を緩和することで、日本企業のモニタリング・ボード導入を促進する取り組みを行っている。取り組みの成果として一例は下記の**図6-5**のとおりである。

　ある小売業は業績低迷下にあり、社外取締役の人数が少なく、企業経営経験のある人材も不在で、指名・報酬委員会も未設置であった。コーポレートガバナンス強化が急務という問題意識からエンゲージメントを56カ月間続け、この間、6回の面談を代表取締役会長、社外取締役などと行い、最終的に経営経験のある社外取締役の増員が実現した。この事例は、約4年半という中長期的なエンゲージメントの成功事例である。

　また、2024年11月以降に開催される株主総会から、TOPIX100を構成する企業には、日本企業のロールモデルとなることを期待し、①ESG課題を統合した情報開示、②気候変動、③実効的なスキルを有する社外取締役の取り組みが明らかに不十分と判断する場合、会長・社長の取締役再任に原則反対する方針である。

　NAMは資本の効率性、ガバナンスや資本政策、事業ポートフォリオなどに加えて、環境問題や多様性などについてのエンゲージメントに注力している。

# 5．まとめ

以上、NBIM、LGIM、NAM のエンゲージメント状況を概観した。

海外の2社は、エンゲージメントをより広い意味、すなわち国際的な基準設定主体、市場関係者、取引所などへの働きかけを含むものとして捉えており、ベストプラクティスを効果的に促進するために、他の投資家との連携を促進していることが特徴と言える。国内の機関投資家も海外のさまざまなイニシアティブとの連携を進めているが、国内機関投資家間の連携が課題と言える。

LGIM のエンゲージメント・責任投資推進体制は、同社の経営陣のコミットメントおよび取締役会によって監督・監視されている。また NBIM はトップ自らの強いコミットメントが伺える。LGIM の責任投資チームの人材育成、企業文化や多様性などの非財務関連インセンティブの導入などは、今後の日本のアセットマネジメント会社も参考になる。エンゲージメントのテーマ選定について、NBIM や LGIM は、市民とのタウンミーティングなどを通して、市民の声をテーマ選定に活かしている。

NAM の責任投資プロセスは、「投資先企業の望ましい経営の在り方」を定め、それに基づいて PDCA に基づいて体系的に行われている。同社の特色はモニタリング・ボードを積極的に進めることであり、ガバナンスの改革に力を入れていることが分かる。さらにエンゲージメント推進室を設け、環境・社会を含む幅広いテーマでのエンゲージメントについてマイルストーン管理を行っており、この10年間の日本の資産運用会社の責任投資の在り方、エンゲージメント力は大きな進展を見せている。

2023年10月に、岸田文雄首相が2024年に「アセットオーナー・プリンシプ

ル<sup>(9)</sup>」を創設すると発表したが、わが国のインベストメントチェーンにおい
て、いかに年金の最終受益者の声を集結するかが課題である。

(1) Norway Bank Investment Management（2022）（https://www.nbim.no/co
    ntentassets/5804b35ea 1 e24063a79fca44a945e390/gpfg-responsible-
    investment-2022.pdf）.
(2) 運用マンデートは、資産の管理・運用を外部の運用会社やプロのポートフ
    ォリオ・マネージャーに委託する際の契約や指示のことである。どのよう
    な資産クラスに投資するのか、リスクの許容度はどれくらいか、運用の目
    的や期間、その他の条件や制約など、投資の方針やルールが定められたも
    のである。
(3) 下線は筆者が追加。
(4) LGIM（2022）.
(5) LGIM Japan 代表取締役社長 宮部長久様、同インベストメント・スチュワ
    ードシップ部長 福田愛奈様とのインタビューより（2024年 3 月 7 日）。
(6) Future World Protection List、ESG Score、Climate Impact Pledge Score
    などが開示されている。
(7) 野村アセットマネジメント会社（2022）「責任投資レポート2022」。
(8) https://www.nomura-am.co.jp/special/esg/pdf/basicpolicy.pdf?20221101
(9) 2023年10月 2 日「日経サステナブル・フォーラム」にて、岸田首相は「ア
    セットオーナーに求められる役割を明確化した『アセットオーナー・プリ
    ンシプル』を24年夏をメドに策定する」と明らかにした。また、「最善の利
    益をもたらす資産運用会社の選択や、ステークホルダー（利害関係者）へ
    の運用内容の見える化などを求める」と述べた。

第 **7** 章　機関投資家の非財務関連
エンゲージメントと企業の価値創造

## はじめに

　2021年のコーポレートガバナンス・コード改訂において、持続可能性に関する事項が追加され、気候変動リスクやダイバーシティ＆インクルージョン（以下、D&I）に関心が高まっている。環境問題については、2021年のCOP26を契機に、これまで消極的な姿勢を見せていた米国も、バイデン政権下のもと環境関連情報の開示に向けて取り組み始めた。

　日本やEUを含む120カ国以上が、2050年までにカーボンニュートラルを目指し、日本は、30年間の中間目標として、2013年比で$CO_2$排出量を46%削減することを掲げている。日本は一次エネルギー供給の約90%、発電量の約75%を化石燃料に依存しており（温室効果ガス排出量の約85%はエネルギー起源$CO_2$）、脱炭素社会の実現には、エネルギー、建物、インフラ（交通を含む）産業など、あらゆる分野で急速かつ大幅な変化と転換が必要となる。化石燃料に依存し続けることは、カーボンニュートラルという目標を達成するうえで、大きな課題となり、国内外の投資家も日本企業の姿勢に強い関心を示している。

　また、日本のジェンダーギャップ指数が、依然として世界でも最も低いレベルであることが示すように、D&Iについては、環境問題と同様に深刻な状況である。国内外の機関投資家は、日本企業の気候変動リスクへの対応やD&Iへの取り組み、およびそれらに関する開示に注目しており、議決権行使やエンゲージメントにおいても重要なテーマである。

　このように、企業と投資家とのESGに関するエンゲージメントが進む中で、企業の非財務情報開示の重要性はますます高まり、統合報告書などの開示ツールを利用する企業が増加している。企業と投資家のエンゲージメントにおいても非財務資本と企業価値の関連性に注目が集まっている。

　本章では、いくつかの企業の開示事例を示しながら、機関投資家の非財務関連のエンゲージメントと企業の価値創造ストーリーの展開を考える。

# 1. 非財務情報の開示を求める 投資家の声

 **1-1　環境問題に関する投資家などの動き**

　まず、気候変動リスクと D&I に関する国内外の機関投資家の動向について概観する。2021年においては、石油メジャーに脱炭素の大きな圧力が強まり、米国エクソンモービルには、環境アクティビスト、米国のヘッジファンドであるエンジン・ナンバーワンが推薦した2人が取締役に選任された。エンジン・ナンバーワンの持ち株比率は0.02%であったが、米国カリフォルニア州の公務員年金基金の CalPERS や、同州の教職員退職年金基金である CalSTERS などのアセットオーナーなどの賛同が後押しをした。また、温暖化対策等の環境問題に精通する米国の NPO アズ・ユー・ソーは、ゼネラル・エレクトリック（GE）に対して2050年までにカーボンニュートラルの達成計画策定に関する株主提案を提出し、98%の賛成を得た。この背景には、資産運用会社のブラックロック、バンガード・グループ、ステートストリートなどのアセットマネージャーが賛成したことがある。その他、リオ・ティント、デュポン、フィリップス66、コノコ・フィリップスへの環境関連株主提案は、過半数以上の賛成を得た[1]。さらに、オランダのロイヤル・ダッチ・シェル（現、シェル）に対して、複数の環境保護団体が、同社の気候変動対策の不十分さと、それに基づく人権侵害を訴えていたところ、2021年にオランダのハーグ地方裁判所は、同社の GHG（Greenhouse Gas：温室効果ガス）排出量削減目標が、具体性に乏しく拘束力もないとし、2030年までに2019年比で GHG 排出量を45%削減するように命じた。このような司法の判

断は、世界でも初めてであった。

　一方、国内の資産運用会社も議決権行使とエンゲージメントで、GHG排出量、削減目標などの開示を要請する方針を示している。2022年からの取り組みとして、三井住友DSアセットマネジメントは気候変動や環境・社会に関する情報開示が不足し、エンゲージメントで改善が見られなかった場合に取締役選任議案に反対する方針である。同社は、気候変動関連株主提案には適切と判断できる場合賛成の方針を示している。三井住友トラスト・アセットマネジメントは、排出量の多い企業に対して、削減目標などの開示がない場合、取締役選任に反対の方針であり、アセットマネジメントOneは、TCFD（Task force on Climate-related Financial Disclosures：「気候関連財務情報開示タスクフォース」と呼ばれ、各企業に気候変動に対して取り組みの計画や現状を、具体的に開示することを推奨している）の情報開示を企業に求め、気候変動関連の株主提案には原則賛成の方針である。野村アセットマネジメントは、「エンゲージメント推進室」を設け、財務・非財務面から積極的にエンゲージメントを行っていく方針を示し、対話で改善しない場合、取締役選任議案に反対する方針である。この点についての詳細は前章において述べた。

　野村アセットマネジメントや三井住友トラスト・アセットマネジメントなどは、投融資先のGHG排出量の実質ゼロを目指す金融機関の融資連合"GFANZ（Glasgow Financial Alliance for Net Zero：「グラスゴー金融同盟」の略称で、投融資先企業への働きかけなどを通じて金融面から脱炭素社会の実現を推進する金融機関の有志連合）"に加盟しており[2]、このような観点からも国内機関投資家の気候変動リスクに関する関心と行動は、さらに高まっていくことが予想される。

　また2023年3月期から、わが国においても非財務・サステナビリティ関連情報の開示が有価証券報告書で義務付けられた。これに基づき「女性管理職比率」、「男性の育児休業取得率」および「男女間賃金格差」などの人的資本に関する開示が求めれる。また、国際サステナビリティ基準審議会（ISSB）がサステナビリティ開示の国際基準を公表したことにより、今後ESGに関

して統一的な基準に基づいた開示が進むであろう。

 ## 1-2　D&I に関する投資家などの動き

　取締役会の D&I については、日本は欧米に比べて大きく遅れている。2021年現在において、米国では取締役会における女性比率は約2割であるが、クォータ制を採用している欧州は約4割、日本の同比率は1割にも満たなかった。

　このような状況を改善するために、米国証券取引所 NASDAQ は、上場企業に取締役会の多様性確保を求める規制を2021年9月に制定した。これは NASDAQ 主要上場企業に対して、取締役会のメンバー2名以上を「多様」とされる要件を満たすものから選任する。多様とされるメンバーのうち1名は女性であると自認する1名、もう1名は過小評価されている社会的マイノリティ、または LGBTQ（「Lesbian：レズビアン」、「Gay：ゲイ」、「Bisexual：バイセクシュアル」、「Transgender：トランスジェンダー」、「Queer：クィア／Questioning：クエスチョニング」の頭文字を取って名付けられた、幅広い「セクシュアリティ：性のあり方」を総称する言葉）と自認する個人でなければならない。この2名以上の「多様」な取締役を選任していない企業は、その理由を説明する必要がある。いわゆる「Comply or Explain 原則」である。ルールの実施時期については、企業区分によってことなり、このような要件を満たせない上場企業に対し、NASDAQ は2022年12月1日までの間、多様な取締役候補者を紹介するサービスの利用を提供した。

　同市場の新ルールは広範囲に影響を及ぼし、NASDAQ に上場している企業に、女性、人種的マイノリティ、LGBTQ の人々を取締役会に加えることを促すことになった。このような大胆な動きが成功すれば、女性、特に、有色人種の女性がリーダーシップを発揮することが当たり前になり、文化的な変化がより促進される。

　また、世界の主な資産運用会社の日本企業に対する方針（2022年）は以下

のとおりである。フィデリティ・インターナショナルは、先進国市場において、取締役会の女性比率が3割以下、ジェンダー発展途上市場においては、同比率が15％以下の場合、役員選任議案に反対する方針を示している。アライアンス・バーンスタインは、取締役会に女性がゼロで、任命もしようとしない場合は、経営トップの選任議案に反対、ステートストリートは、TOPIX500企業で女性取締役がゼロの場合に取締役上位3人の選任議案に反対の方針を示している。

　LGIM（Legal & General Management）は、グローバルに投資するすべての企業に対し、最低1名の女性を取締役に任命すること、特に先進国では、取締役会の女性比率が3分の1以上、2026年までに取締役会の男女比が40％に達するように改善することを期待している。日本企業については、2022年に、TOPIX500企業のうち取締役会に女性がいない企業の取締役会議長、指名委員会委員長の選任に反対票を投じた。そして、2023年 TOPIX100企業の取締役会の女性比率が15％以上ない場合、またプライム上場企業の取締役会に女性1名も含まれない場合、指名委員会の委員長（またはそれに相当する人物）に対して反対票を投じる。今後、この方針がより多くの日本企業に適用され、より高い基準の多様性を取締役会に要求する方針である[3]。

　また、議決権行使助言会社のISSは、2022年の議決権行使基準に、日本企業において女性取締役が不在の場合には、経営トップの取締役選任議案に反対投票を推奨する方針を出した。またグラスルイスは、2022年の議決権行使基準の方針に、すべての上場企業に対して女性役員を1名求めること、2023年方針では、プライム市場以外の上場企業には、女性役員を1名、プライム市場上場企業には、取締役会に10％の女性取締役を求める方針を示した。

　野村アセットマネジメントの「モニタリング・ボード」の要件として、「女性の取締役が取締役の人数の10％以上」であることが定められている。また同社は、「女性の取締役がいない場合」には、会社・社長等の取締役再任に原則として反対するとし、この基準は全上場企業に適用される[4]。第6章においても述べたが、国内外の機関投資家の環境、女性活躍、人的資本に

ついての関心は高く、議決権行使やエンゲージメントの重要なテーマである。

## ● 1-3　非財務情報と企業価値創造ストーリー⁽⁵⁾

　前述のように、機関投資家は環境やD&Iに関する議決権行使基準を改訂し、ESGに関するエンゲージメントも積極的に行っている。機関投資家が求めるのは、このような非財務情報と企業価値創造との関連性である。

　機関投資家は、企業に対して以下のような情報開示を求めている。

・企業が価値創造を維持するためのパーパスおよび長期戦略、策定方法
・市場における企業のレピュテーション
・企業のサプライチェーンにおける行動規範の保有とその監視の有無
・企業と主要なステークホルダーとの関係
・企業の収益の獲得方法、すなわち社会や環境に対する影響の有無
・コーポレートガバナンスの質
・企業のリスクマネジメントの質
・企業において内部統制が適正かつ効率的に機能していること
・企業が社会や環境へ影響を及ぼす領域の特定
・企業が社会や環境に及ぼす正の影響と企業価値向上との関連性
・企業が社会や環境に及ぼす負の影響とこれらを排除して改善していく方法

　上記事項は、企業の有価証券報告書を含む、さまざまな媒体で開示がなされているが、バランスよくまとめられているのが統合報告書である。統合報告書は、外部環境のもとで企業の戦略・ガバナンス・実績見通しが、短期・中期・長期にわたる価値創造・維持・毀損をどのように導くかについての簡潔なコミュニケーション手段として位置付けられる。その目的は、①情報ギャップの解消、②信頼性確保（外部ステークホルダーへの意思決定情報の提供）、

③戦略の策定と実行の改善（ステークホルダーとのエンゲージメントを通して、企業戦略に活かす）ことである[6]。このように、統合報告書は単に財務情報と非財務情報の一体的な企業価値を報告するという開示媒体ではなく、株主、従業員、取引先や将来の人材候補者としての次世代の若者など、さまざまなステークホルダー向けた、価値創造につながるより効果的なコミュニケーション・ツールとして位置付けられる[7]。

# 2. 非財務資本インパクトと 非財務インパクトの開示手法[8]

　企業は統合報告書などで自社の非財務資本が企業価値にもたらす影響（非財務資本インパクト）と自社の活動が社会や環境に及ぼす正負のインパクト（非財務インパクトと呼ぶ）を定性・定量の両側面から開示する努力をしている。それぞれのインパクトを示す手法を**表7-1**にまとめた。

　まず、企業活動の社会や環境への影響を定量化する手法として、フルコスト会計（Full Cost Accounting）や費用便益分析（Cost-Benefit Analysis：CBA）、社会的投資収益率（Social Return on Investment：SROI）、インパクト加重会計（Impact Weighted Accounts：IWA）が挙げられる。これらは基本的に、企業活動における外部影響も含めたコストと生じる便益を比較することで意思決定を最適化する手法である[9]。IWA以外においては、評価対象に応じて評価者が具体的な計算方法の設計を行うことが前提となっているため、評価結果に相応のばらつきがある可能性が指摘されている[10]。したがって、評価の正確性まで踏み込んだ手法というよりも評価項目やそのプロセスの形式化に比重が置かれた取組であると言える。他方IWAでは、定量評価の数

表7-1

## 表7-1　非財務資本・非財務インパクトの評価方法

| | A. インパクトの定量的評価を行うことにより、会計的取扱や定量的な横比較の可能性を企図 | B. 社会的価値が創出される経路やその波及効果について関係性を可視化 | C. 社会価値創出に関する実績評価に加え、そのプロセスや意思決定を管理・高度化 | D. 社会的価値が創出される領域やその類型に関して網羅性・汎用性を担保 |
|---|---|---|---|---|
| フルコスト会計 | ● | | | |
| 費用便益分析 | ● | | | |
| ロジックモデル | | ● | ●（広義の場合） | |
| Theory of Change | | ● | ● | |
| Social Return on Investment | ● | | ● | |
| インパクト加重会計 | ● | | | ● |
| 5 Dimensions of impact | | | | ● |
| インパクトレーダー | | | | ● |

出所：関野・今村・三和（2024）、p.72。

式を提供しており、製品・サービスに対しての網羅的・汎用的な評価体系は本手法が初であるとしている[11]。国内では、エーザイ株式会社が従業員インパクト会計を用いて従業員の給与を正のインパクトをもたらすものとして試算し、また熱帯病治療薬無償配布により約7兆円のインパクトが創出されたという製品インパクトの試算が、IWAを用いてなされている[12]。その他、SROIは会計的観点から評価の"原則"を定めるもの[13]で、他の手法と異なり管理手法的側面を有しているとも言われる[14]。

　一方で、インパクトの全体構造・波及効果を示すための枠組みとして、ロジックモデルおよびTheory of Change（ToC）が挙げられる。これらは、ある取り組みの実施から中長期にわたる成果までの波及効果の経路や全体像

を、しばしばツリー状の模式図で可視化する手法である。しかしながら，記述方法や前述の各概念の定義は統一されておらず、ステークホルダーが主体性をもって認識することに重きが置かれている[15]。したがって、インパクトの定量化や取り組みと成果を紐づける情報の標準化・汎用化、成果自体の横比較を目的とした枠組みではないと言える。国内では、株式ファンドやVCファンド等においてToCやロジックモデルを活用した投資目的や成果の開示がインパクトレポート等の形式で行われている。

　また最近では、投資家での活用を念頭に置いた枠組みとして、5 Dimensions of impactやインパクトレーダー（UNEP FI）なども登場している。前者は投資案件における5つの要考慮事項の整理、後者はある取り組みが創出しうるインパクトの探索に用いられる。たとえば三井住友信託銀行は、インパクトレーダーを金融商品提供時の一評価基準として活用している。他方で、裏を返せばこれらの手法は、ロジックモデル等のように波及効果を子細に認識したり、インパクト加重会計等のようにその価値を定量的に把握したりする手法とは方向性の異なるものであると言える[16]。

　このようにインパクト評価については、その目的や手法、重視していることなどによりさまざまな手法が使われており、必ずしも統一されたフォーマットは存在しないのが現状である。多くの投資家の関心事は、企業がインパクト創出し、その過程で収益や企業価値を高めるためのキードライバーや具体的な施策は何で、実現可能性はどの程度か、という点であり、評価が統一的にできる手法が望まれる。以下では各企業の非財務資本・非財務インパクトの開示状況を概観する。

# 3．統合報告書における非財務情報と価値創造ストーリー（ケーススタディー）

　統合報告書における自社の財務・非財務資本・活動と価値創造のストーリーについては、各社がさまざまな手法で開示をしている。よく用いられる開示モデルとして、国際統合報告審議会（IIRC）が用いる"オクトパスモデル"がある。これは、前述のロジックモデルの一例であり企業が財務・非財務面のさまざまな期首資本を投下（インプット）し、事業活動を通じて算出されたアウトプットを管理しながら、成果を期待し、結果として企業価値、すなわち期末資本（アウトカム）が創造されることを表すモデルであり、オムロン等、さまざまな企業が採用している。以下では、オムロンの事例を見てみよう。

## 3-1　オムロンの事例[17]

　オムロンの2015年の統合報告書では、事業領域ごとに社会課題を認識して事業戦略までを可視化するという点が特徴的であった。しかし、「事業ごとの戦略をどのような戦略目標の因果関係で実現しようとしていうのか把握できない。また、インプット、アウトプット、アウトカムといった関係も把握できない[18]」と指摘されていた。**図7-1**は、同社の2022年の「総合レポート」に開示された価値創造フレームワークである。6つの資本をインプットして、社会的価値創造までのストーリーが可視化されている。アウトカムには具体的な成果目標、たとえばヘルスケアソリューションにおいては、グローバル血圧計販売台数9,400万台（3年累計）、遠隔診療サービス利用者数60万人（累計）という成果目標が可視化されている。同統合報告書は、極めて

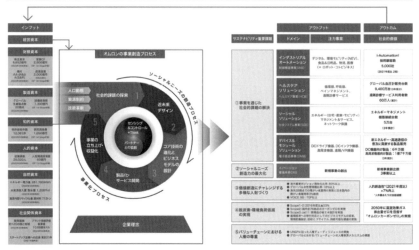

**図7-1　オムロンの価値創造モデル**

出所：『オムロン 統合レポート2022』、p.28。

完成度が高いレポートとして、第2回日経統合報告書アワード（2022年）グランプリを獲得している。

　さらに2023年の統合レポートにおいては、非財務情報の可視化を試みている。具体的にはD＆I推進施策のマテリアリティと財務指標との相関について検証を行っている。この仮説検証にあたっては、内閣府 新しい資本主義実現本部事務局が2022年8月に策定した「人的資本可視化指針」の中で例示されているROIC逆ツリーの考え方[19]を採用している。

　財務指標の変数としては、ROICを構成する要素であるROS（営業利益率）と投下資本回転率、WACC（加重平均資本コスト）、非財務の変数としては人的資本関連の49の指標が用いられている。対象機関は2016年から2022年である。特に、投資家との対話に活用することを意識して、当社固有の相関関係を証明するだけではなく、当社事業がアドレスするセクター全体の平均値も算出している点は評価できる。開示情報にとどまらず、就活生が利用する口コミ・サイトの書き込み情報なども織り込んだ非財務変数を用いること

表7-2 オムロンの非財務情報可視化の取り組み

| 分析方法 | ①当社を含む電子機器・部品業界139社の財務・非財務指標を元に機械学習モデルを構築。人的資本関連データの財務指標に対する重要性と貢献度を定量化。<br>②1st Stage 人財施策の成果指標にまつわる非公表データについて同様に定量化。<br>③どの非財務指標が、財務指標に対してどの程度ポジティブまたはネガティブな影響を与え得るか、相関性をそれぞれに可視化。結果に対して ESG アナリストらが解析。 |
|---|---|
| 対象データ | 分析対象：<br>世界産業分類基準（GICS）「テクノロジー・ハードウェアおよび機器」業種139社（当社含む）<br>変数：<br>・財務：ROS（営業利益率）、投下資本回転率、WACC（資本コスト）<br>・非財務：人的資本関連の49指標（一部オルタナティブ・データも含む）<br>時系列：<br>2016年〜2022年 |
| 解析結果のハイライト | ●当セクターにおいては、各キャリアステージ（役員、管理職、社員）におけるダイバーシティの推進とそれを可能にする多様な働き方に向けた労働環境づくり、そこから生じる従業員満足度が収益性（ROS）、ひいては ROIC 向上につながる。<br>●投下資本回転率においては、ジェンダー関連指標が強い影響力を持つ。特に、リーダーシップの多様性が、資本の効率的な運用に寄与する可能性が示唆される。<br>●一方、当セクターにおいては、資本コスト（WACC）に対して人的資本の活用が与える効果は限定的だった。透明性のある人権政策と多様な労働力を持つ企業は、投資家ら「ビジネスリスクが低く、コーポレートガバナンスの実践が優れている」と認識されることで、信頼と支持を醸成できる可能性は一定程度見られた。しかし、資本コストに関しては、社会関連以外の指標の影響力が高い模様。<br>●オムロン固有のデータからは、女性管理職比率と SEI スコア（社員エンゲージメント調査の主要項目）のバランスよい改善が最も ROIC にポジティブ。またグローバルコアポジションの現地化比率も ROIC に正の相関が見られた。 |

出所：『オムロン 統合レポート2023』、p.99。

などより多様なステークホルダーの要素と財務指標との相関を分析している。詳細は**表7-2**に示されているとおりである。この結果、**図7-2**に示されるよ

## 図7-2 │ オムロンのROIC・ESG逆ツリー展開

〈ROCI・ESG逆ツリー展開〉

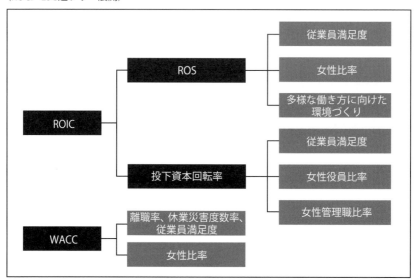

出所：『オムロン 統合レポート2023』、p.100。

うなROIC・ESG逆ツリー展開を示すことができ、当社のD＆I推進のマテリアリティ施策の妥当性を提示することができる。

　このようにD＆I推進のマテリアリティの妥当性を財務指標との関連で説明することについて、回帰分析において相関関係を示し、統計上示すことが困難な因果関係については逆ロジック・ツリーを用いて考え方を示す取り組みは興味深い。またこのような開示を用いて投資家との対話を重視している姿勢は高く評価できる。

## 3-2　伊藤忠商事の事例[20]

　次は、同じく第2回日経統合報告書アワード（2022年）においてグランプリを受賞した伊藤忠商事の統合報告書の価値創造モデルを取り上げる。同社は、非財務資本・企業価値拡大に向けた戦略的なフレームワークとして、ロジック・ツリーを採用している。こちらもロジックモデルを活用している。非財務資本を増大させる「機会」、または毀損させる「リスク」の程度を勘案し、社会課題の中で、同社が優先的かつ主体的に解決を図る「実行すべきこと」をマテリアリティとして特定し、本業を通じて、その解決に取り組んでいる。非財務のマテリアリティは、気候変動への取り組み、働き甲斐のある職場環境の整備、人権の尊重・配慮などの7つが挙げられている。**図7-3**においては、それぞれのマテリアリティに対する主要施策→基本方針→短期・中期・長期の定量目標→経済価値と社会価値の拡大という、「企業価値の積み上げ」に向けたロジック・ツリーを用いて、非財務要素と企業価値創造のつながりを可視化している。

　また、伊藤忠商事の統合報告書において特筆すべき点は、さまざまなステークホルダーとの対話を重視し、経営・財務・資本戦略に活かしているところである。**図7-4**は、同社が統合報告書で示す「対話と企業価値向上のポジティブサイクル」である。対話を通じて認識した課題として「女性活躍推進委員会での議論や、エンゲージメントサーベイの結果を踏まえた人事施策等の開示」などが挙げられ、これに対して「働き方改革第2ステージ」を打ち出し、サステナビリティ説明会を開催する、という具体的施策が取られていることが分かる。このようにステークホルダーとの対話を経営戦略に活かし、実効性のあるエンゲージメントを行っていることが分かる。

図7-3 | 伊藤忠商事の「企業価値の積み上げにむけた」ロジック・ツリー

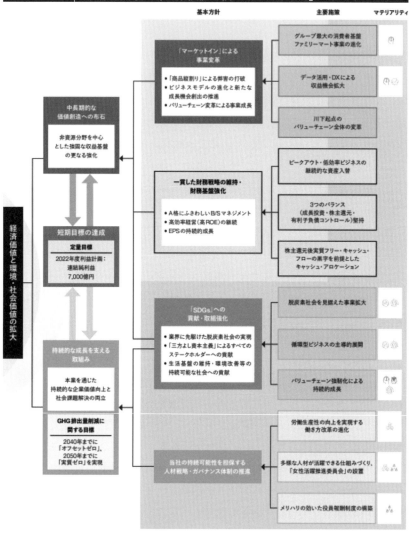

出所：『伊藤忠商事統合レポート 2022』、p.45。

図7-4　伊藤忠商事の対話と企業価値向上のポジティブサイクル

| 対話を通じて認識した課題 | 課題に対する当社施策の具体例 | 今後当社が提示すべきと認識している課題等 |
|---|---|---|
| 収益基盤の更なる強化に資する投資案件の検討・実行 | 日立建機㈱、西松建設㈱等への投資実行　○Page 70　○Page 121 | |
| 「Brand-new Deal 2023」公表時に示された株主還元方針と市場期待値との乖離 | 「Brand-new Deal 2023」期間中における「新配当方針」の公表、自己株式取得の実施　○Page 36 | |
| 地政学リスクの高まりを受けたカントリーリスクへの対応状況 | カントリーリスクへの対応状況やロシア・中国関連ビジネスに関する決算説明会・統合レポート等での説明　○Page 79 | |
| GHG排出量の削減実績等、気候変動関連のトラックレコード積み上げと開示拡充 | 化石燃料事業・権益のGHG排出量の「2018年度比50%削減」を前倒しで達成　○Page 86 | Scope3の開示に関する考え方の説明 |
| 女性活躍推進委員会での議論やエンゲージメントサーベイの結果を踏まえた人事施策等の開示 | 「働き方改革第2ステージ」を打ち出し、サステナビリティ説明会を開催　○Page 80 | |
| ファミリーマートやCITIC／CPグループとの協業に関する具体的成果の提示 | ファミリーマートの戦略・施策に関する分野別説明会・統合レポート等での説明　○Page 62 | CITIC／CPグループとの長期的な取組みの中での具体的成果の提示 |
| 経営陣の後継者計画に関する議論の提示 | | 経営陣の後継者計画に関する議論の提示 |
| 上場グループ会社の保有・買増し等に関する戦略的意義の更なる解説 | | 保有・買増し等に関する継続議論及び説明 |

出所：『伊藤忠商事統合レポート 2022』、p.25。

## 3-3　エーザイの事例

　エーザイは、2020年の「統合報告書」において、ESG の取り組みと企業価値との関連性について実証的に分析した結果を開示した。同社の場合、人件費や研究開発費、女性管理職比率を高めると、数年後の PBR（株価純資産倍率）上昇につながっていることが明らかにされた[21]。同様の分析手法は、他社にも広がっており、KDDI は、温室効果ガスの削減が 6 年後の PBR 向

上につながること、NEC は、従業員の研修日数と企業価値向上の正の相関を示している[22]。日清食品の場合、同様の分析を行い、研究開発費の上昇や $CO_2$ 削減と PBR の正の関係を実証し、さらに創業者精神に基づく日清食品の活動が、定性面に加えて、定量データに基づく分析の側面からも企業価値向上につながることを明らかにしている[23]。その他、2023年には JR 東日本、コマツも ESG と企業価値との関連を示した[24]。

さらに、エーザイは、社会的インパクトという指標を用いて ESG と企業価値との関連性を明らかにしている。これは、ハーバード大学・ビジネス・スクールのジョージ・セラフェイム教授が主導するインパクト加重会計イニシアティブ（IWAI）[25]に基づいて計算されたものである。IWAI では、ESG 事項の売上高に与える影響について、「製品インパクト」、環境負荷・コストを売上原価に反映される「環境インパクト」、そして損益計算書の従業員関連支出や社会的価値の影響を「従業員インパクト」として、米国企業を中心に実証分析を行っている。

日本企業で初めてこの手法適用したのがエーザイの「従業員インパクト会計[26]」である。同手法によるとエーザイは、2019年に358億円の給与総額を支払い、そのうち269億円を「正の社会的インパクト」として創出している（**図7-5**）。その結果、エーザイの人財投資効率は75％であり、米国の主要企業と比べてもトップグループに入ることが明らかになった（**図7-6**）。また EBITDA（財務分析上の概念の1つで、税引前利益に、特別損益、支払利息、および減価償却費を加算した値）や売上収益に対するインパクトも示されている[27]。

また、同社は、医薬品アクセス向上への取り組みを通じた社会課題の解決、および企業価値向上にも力を入れ、統合報告書には同社の医薬品アクセス向上に向けた資本のインプットからアウトカムまでの流れが可視化されている。2022年統合報告書では「ジエチルカルバマジン（DEC）錠」の提供について、製品インパクトを明らかにした。同社は、2014年から2018年の5年間で、16億錠の DEC 錠を開発途上国25カ国で無償提供し、この効果によって創出し

## 図7-5 エーザイの従業員インパクト会計

従業員インパクト会計　エーザイは2019年に269億円の正の価値を創出

エーザイ 従業員インパクト会計（単体）　　　　　　　　　　　　　　　　　　　　（単位：億円）

| 年度 | 2019 | | | |
|---|---|---|---|---|
| 従業員数 | 3,207 | | | |
| 売上収益*1 | 2,469 | | | |
| EBITDA*1 | 611 | | | |
| 給与合計 | 358 | | | |
| 従業員へのインパクト | インパクト | EBITDA(%) | 売上収益(%) | 給与(%) |
| 賃金の質*2 | 343 | 55.99% | 13.87% | 95.83% |
| 従業員の機会*3 | (7) | -1.17% | -0.29% | -2.00% |
| 小計 | 335 | 54.82% | 13.59% | 93.83% |
| 労働者のコミュニティへのインパクト | | | | |
| ダイバーシティ*4 | (78) | -12.70% | -3.15% | -21.73% |
| 地域社会への貢献*5 | 11 | 1.81% | 0.45% | 3.09% |
| 小計 | (67) | -10.89% | -2.70% | -18.64% |
| Total Impact | 269 | 43.93% | 10.89% | 75.19% |

*1 売上収益・EBITDAはセグメント情報から一定の前提で按分　*2 限界効用・男女賃金差調整後　*3 昇格昇給の男女差調整後　*4 人口比の男女人員差調整後
*5 地域失業率×従業員数×（年収－最低保障）

出所：エーザイ『価値創造レポート2021』、p.59。

た社会的なインパクトは、約7兆円にのぼると算出した[(28)]。さらに、この数字を財務指標に反映させると、EBITDAは、おおよそ2倍程度になり、本源的企業価値は約2倍と示唆される。製品インパクト会計を用いることにより、無償で提供されたDEC錠が大きな企業価値を創出していることを示している。このようにアウトカムを経済的価値で表し、財務指標などへのインパクトを示すという、新たな動きも見られる。

　アサヒグループHDやヤマハ発動機も、インパクト加重会計モデルを導入した開示を行うなどの動きが見られる。海外では、ドイツの世界最大の総合化学メーカーであるBASF、フランスのダノン、韓国のサムソン電子などがインパクトの可視化に取り組んでいる。

　さらにエーザイは2023年に、社会的インパクト創出という観点から新しい認知症薬の価格を決定した。これは、患者が完全に健康な身体を得られるとしたら幾ら払うか、という考えに加えて、介護者の負担軽減も含めた価格が計算される。つまり、投薬によって認知症患者当事者と介護者の健康アウトカムを改善する値段（社会的インパクト）ということで、37,600ドルが算出される。この値段で2030年度の社会的インパクト目標を1.8兆円見込んでお

## 図7-6 エーザイの従業員インパクトの他社比較

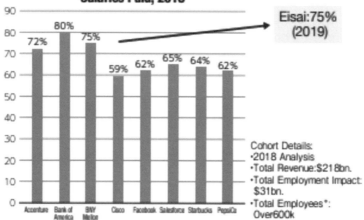

従業員インパクトの他社比較　米国優良企業と比較しても高い人財投資効率

地域、産業にかかわらず同様の傾向が見られる

**Positive Employment Impact as % of Total Salaries Paid, 2018**

Eisai:75% (2019)

Cohort Details:
・2018 Analysis
・Total Revenue:$218bn.
・Total Employment Impact: $31bn.
・Total Employees*: Over600k

Accenture 72% / Bank of America 80% / BNY Mellon 75% / Cisco 59% / Facebook 62% / Salesforce 65% / Starbucks 64% / PepsiCo 62%

Note: Due to insufficient data, certain analyses were excluded from this company cohort that are important to understanding organizational employment impact. These dimensions are illuminated in "Accounting for Organizational Employment Impact" (Freiberg et al, 2020), and include: Wage Equity, Career Advancement, Safety, Culture, and Workplace Wellness.
＊Number of employees as reported in company-filed EEO-1 disclosure. All employees assumed to be Full Time. Future analyses will incorporate Part Time and supply chain workers to depict more comprehensive workforce.
＊＊ EBIT is used in place of EBITDA for Bank of America and BNY Mellon.

出所：エーザイ『価値創造レポート2021』、p.59。

り、そのうち6割を米国社会に還元し、4割をエーザイの製品売上として従業員と株主への価値とする、と発表した。このようなロジックで、米国でのレケンビの価格を27,500ドルと決定したが、将来の社会的インパクトを見込んでの価格設定という考え方は世界初であり、企業活動が社会にもたらす正のインパクトを定量化し開示する新しい取り組みでもある。

ファイナンスにおいては、将来のキャッシュフローを現在価値に割り引いて企業価値と考えるが、将来の社会的インパクトが試算できれば、これを現在価値に割り引くことも可能となり、企業の社会的価値を算出することも可能となる。オムロン、伊藤忠商事のように、社会的課題に対する自社の取り組みをロジック・ツリーとして展開するモデルや、エーザイのように、社会やステークホルダーに対するインパクトを経済的価値で表現する手法など、インパクトを指標化するさまざまな取り組みが行われている。

## 3-4　ネスレの事例

　一方、負の社会・環境インパクトを定量化し企業経営に活かす取り組みは食品業界において比較的早くから行われてきた。食料品業界は世界のビジネスにおいて環境外部性トップ100企業の総経済コストの40％以上を負担しており[29]、その環境外部コストはセクター利益の200％以上と推算される[30]。つまり、食料品業界によって生み出される外部性による損失は、それらが生み出す経済的価値よりも大きくなる可能性がある[31]。

　そこで食料品業界は Natural Capital Protocol[32] や TEEB（The Economics of Ecosystems and Biodiversity：「生態系と生物多様性の経済学」）[33] といった標準化されたフレームワークとフルコスト会計を用いて真のコストの計量化を進めてきた。以下ネスレの事例を概観しよう。

　ネスレは、パプアニューギニアとソロモン諸島におけるパーム油の責任ある調達に関して、ニューブリテンパームオイル社（NBPOL）とアームワース財団と協力している。その目的は、ネスレが注力する3つの分野、「森林破壊の回避」、「従業員・サプライヤー・地域コミュニティの生活向上」、「従業員・サプライヤー・地域コミュニティの水・衛生状態の向上」を実現することである。同社の取り組みは、ネスレの現地介入による影響を生産パーム油1トン当たりの経済的評価をすることである。対象は、パプアニューギニア6,829ha のパーム油プランテーションと9,483ha の高炭素ストック（HCS）

## 表7-3　ネスレのパーム油供給業者に関する真の便益

単位：100万ドル

| | |
|---|---|
| HCS 保全林を保有することの便益価値 | 105.4 |
| HCS 保全による炭素排出の回避 | 22.4 |
| 炭素効率による炭素排出の回避 | 32.0 |
| 生態系の維持 | 25.5 |
| 健康への影響と給水ポンプの提供による時間の節約 | 6.3 |
| 農家の収入増加による健康への効用 | 19.2 |
| 限界削減価値 | 生産されたパーム油 1 トン当たり、自然便益と社会便益の合計は192ドル。 |

出所：Food SIVI（2020），p.138.

保全地（ソロモン諸島での事業は10％未満）とし、2013年から2017年のデータを用いた評価である。

　同社は、HCS 保全林を有しないパーム油供給業者を使用する場合の負のインパクト、真のコストを計量化した。さらに、HCS 保全林を保有パーム油供給業者を使うことで、炭素の回収と森林における炭素放出の回避が可能になり、水の濾過、生物多様性の保全、衛生状態の改善から人々の健康増進などが可能になることが推算された[34]。これらの便益価値は105.4百万ドルであり、生産パーム油 1 トン当たり192ドルの正のインパクトをもたらすと試算された（**表7-3**）。これによって、HCS 保全林を有するパーム油供給業者を使う合理的根拠を示すことができる。

# 4．社会的責任投資（SRI）時代からの機関投資家のエンゲージメントの成果

　前述した従業員インパクト会計に用いられているデータは、米国の従業員多様性に関するレポート、EEO-1 レポートによる開示によるものである。これは1990年代からの米国の機関投資家によるエンゲージメントの結果、開示が進んだ成果と言える。機関投資家のエンゲージメントによって企業の人的資本開示が進み、その結果、従業員インパクトが経済的に可視化できる、という循環の事例である。以下では、その循環プロセスを概観する。

 ## 4-1　SRI 投資家による株主提案

　米国において、地球環境問題に関する持続可能性レポートの開示を企業に求める株主提案が提出され始めたのは2000年代初頭である。主な提案者は、ニューヨーク市年金基金、コネティカット州年金基金、SRI 投資信託、教会グループである。これらの投資家は当時 SRI 投資家と呼ばれ、また、こうした提案は、CSR 株主提案と呼ばれていた。

　従業員の多様性に関する株主提案は、1990年代初頭より提出されていた。SEC（米国証券取引委員会）は、当初は、これらの提案は「通常の営業活動」に関する提案、つまり会社の経営判断に任されるとして、会社の委任状召集通知に記載することを認めなかった。しかし、1990年代半ば以降、SEC は方針転換し、関連提案が議案として認められるようになった。ウォルマートに対する提案は、2000年には約 5 ％の支持しか得られなかったが、2005年には20％弱の賛成率を得られるようになった。そして2006年には、ウォルマートは、同提案内容を受け入れ提案者はこの提案を引き下げた。以下では、

2006年のその提案内容と会社側の対応を概観する。

## 4-2　ウォルマートの事例

ICCR[35]（Interfaith Center on Corporate Responsibility）は、ウォルマートの2006年6月2日の株主総会に向けて、以下の株主提案を行った。株主は、株主総会日より4カ月以内に合理的な費用で報告書を作成することを同社に要求し、報告書においては以下の事項を記載することを求めた[36]。

①労働省管轄下にある米国雇用機会均等委員会（EEOC）が定義する9つの職種別に従業員の性別、人種、職種ごとの数と割合
②差別是正措置と女性やマイノリティが十分に活用されていない部署における差別是正措置と対策措置の要約
③女性やマイノリティの管理職登用を進める対策
④ウォルマートがその差別是正措置とプログラムを商品サプライヤーとサービスプロバイダーに公表する方法

　この提案がなされた後、2006年4月にウォルマートは従業員100名以上の企業に報告を義務付けられているEEO-1レポートを公開し、同提案は引き下げられた。当時のICCR代表のパトリシア・ウルフは「我々は12年以上もこの問題の開示についてウォルマートと話し合ってきた。しかし、これまでこのような公開は実現しなかった。今回の公開は大きなステップである」と、その成果について語った[37]。
　ウォルマートは、ステークホルダーや地域社会、政府に対しても、さまざまな影響力を持つ巨大企業である。同社の株価は、1990年代半ば当時、S&P500平均株価を大幅に上回っていた。EPS（1株当たり当期純利益）は、2006年で2.68％、ROE（自己資本利益率）は21.9％であった。また、当時ウォルマートは、売上高で米国のスーパーマーケットチェーンで最大であり、

同2位のクローガーの株価と比べて見ても、同社の株価はインデックス以上にパフォーマンスも良く、投資家にとっては優良企業であった。

しかし、同社の影響力が大きくなるにつれて、CSR関連の株主提案が1990年代後半から出され、株主や社会の要望が高まった結果、それに対する他の機関投資家の支持率も上昇してきた。

## 4-3 EEO-1レポート提出の背景

米国の雇用機会均等（Equal Employment Opportunity：EEO）の問題については公民権運動が盛り上がる最中、1963年にケネディ大統領によって法制化の提案がなされた。そこには、この法律の施行機関と雇用機会均等委員会（EEOC）の創設が盛り込まれた。同法律は1964年6月2日に、ジョンソン大統領の署名により施行された。この法律とEEOCの創設により、多くの雇用者がその差別的な扱いを訴えることができるようになった。

連邦政府と5万ドル以上の契約のある雇用主、もしくは従業員数が50人以上の連邦政府と契約のある雇用主、それ以外は従業員100人以上の雇用主は、すべてEEOC、労働省、Office of Federal Contract Compliance Programs（OFCCP）に対して、従業員の多様性に関するレポート（EEO-1）を提出する必要がある[38]。

EEOCは1991年から、米国労働省のGlass Ceiling Commission（職場における少数派を差別的な扱いをする暗黙の障害のことを意味する）報告書を作成している。同報告書によれば、当時米国における女性やマイノリティは、人口の2/3を占めているにもかかわらず、企業の執行役員の同比率は3％に過ぎない。そのため職場における差別によって訴訟リスク、政府機関との契約を失い株主価値を損失することなどが懸念された。同委員会は、企業の上級役員の多様性に関して開示することは、ガラスの天井（目に見えない障壁）を打破するために有効であると、EEO-1の開示を推奨している[39]。

このような背景のもと2000年代半ば以降に、機関投資家がEEO-1レポー

トの開示を求める株主提案が提出するようになり、その結果同レポートの開示は進んできた。EEO-1レポート開示の動きには、1960年代の市民運動があり、その潮流がSRI投資家の株主提案につながったと言える。米国において従業員インパクト会計が可能になった背景には、機関投資家の長年にわたるエンゲージメントがあったのである。

# 5. まとめ

　本章では、機関投資家の非財務関連のエンゲージメントと企業の価値創造ストーリーの展開について論じた。ここにおいては、環境問題や人的資本、特に女性活躍に関するエンゲージメントが主要なテーマとなっている。このような動きを受けて、国内外の企業の中には、非財務資本が自社の価値創造にもたらすインパクトや自社の行動が社会や環境に与えるインパクトを金額換算し開示する企業も現れている。自社の環境への取り組みや、人材がもたらすインパクトについて、ロジックモデルにより企業の価値創造ストーリーと結び付けて開示をする手法や、将来の社会的インパクトの金額換算は、企業の社会的価値を計算することができる考え方である。将来の財務キャッシュフローと非財務キャッシュフローの現在価値が企業の社会的価値という考え方を基に、投資家がリスク、リターン、インパクトの指標で企業評価をする時代がくるであろう。

　こうした状況において、非財務情報の開示はますます重要になる。機関投資家の開示を求める動きが、従業員インパクト会計を可能にしたりダイナミックな循環として、ウォルマートの事例を紹介した。米国のEEO-1レポー

トは、従業員について勤務地別、職種別、人種・民族別、性別のデータを掲載している。この EEO-1 開示情報をもとに、ESG と企業価値の関連性を明らかにしたのが、インパクト加重会計イニシアティブ（IWAI）である。SRI時代の機関投資家のエンゲージメントが推し進めた動きであり、それは市民運動が要請したものであった。機関投資家のエンゲージメントが及ぼす影響について、四半世紀に及ぶ成果、価値創造ストーリーの創出は長期的な視点の重要性を改めて提示している。

(1) 日本経済新聞（2021）「石油メジャーに脱炭素の圧力　市場・司法が変革を促す」、2021年 5 月27日。
(2) 日本経済新聞（2021）「取締役選任、脱炭素に消極的なら NO　国内運用会社」、2021年 1 月 6 日。
(3) LGIM「Corporate Governance and Responsible Investment Policy」（https://vds.issgovernance.com/vds/#/MjU 2 NQ==/).
(4) https://www.nomura-am.co.jp/special/esg/pdf/vote_policy.pdf?20231101
(5) マーヴィン・キング（2019）、p.54。
(6) 伊藤和憲（2021）、pp.11-12。
(7) 内山哲彦（2015）、pp.42-46。
(8) 関野・今村・三和（2024）。
(9) Boardman et al.（2017）.
(10) Bebbington et al.（2001）.
(11) Serafeim et al.（2020）.
(12) 柳・フリーバーグ（2022）。
(13) Arvidson et al.（2010）.
(14) Maier et al.（2015）.
(15) McLaughlin et al.（1999）.
(16) Charlotte et al.（2022）.
(17) オムロン株式会社『オムロン 統合レポート2022』。
(18) 伊藤（2016）、p.33。
(19) 内閣府 非財務情報可視化研究会『人的資本可視化指針』新しい資本主義実

現本部事務局（https://www.cas.go.jp/jp/houdou/pdf/20220830shiryou 1.pdf）。

(20) 伊藤忠商事株式会社『伊藤忠商事統合レポート2022』。

(21) エーザイ株式会社『価値創造レポート（旧統合報告書）2021』。柳良平（2021）、pp.36-45。柳良平・杉森州平（2022）、p.46。

(22) 週刊東洋経済新報社（2022）「10年後『稼ぐ力』の上手な示し方」、2022年1月22日。

(23) 日清食品株式会社『2021年 Value Report（統合報告書）』。

(24) JR東日本株式会社『JR東日本グループレポート2022』。

(25) Serafeim and Trinh（2020）.

(26) エーザイ株式会社『価値創造レポート2021』。

(27) 同上。

(28) エーザイ株式会社『価値創造レポート2022』、p.35。柳・フリーバーグ（2022）。

(29) TruCost, Natural Capital at Risk：The Top 100 Externalities of Business, London, 2013.

(30) KPMG, Expect the Unexpected：Building business value in a changing world, KPMG International Cooperative, Netherlands, 2012.

(31) The Food System Impact Valuation Initiative（Food SIVI）（2020）.

(32) Capital Coalition（本部イギリス）が開発した、企業が自然資本への影響と依存度を評価し経営判断に活かすための標準化されたフレームワーク。

(33) 2007年にドイツ・ポツダムで開催されたG8＋5環境大臣会議で、欧州委員会とドイツにより提唱され、すべての人々が生物多様性と生態系の価値を認識し、自らの意思決定や行動に反映させる社会を目指し、これらの価値を経済的に可視化することの有効性を強調する。

(34) Food SIVI（2020）.

(35) ICCR（Interfaith Center on Corporate Responsibility）は、教会、基金、年金基金などを中心とした国際的な団体で、2022年3月現在で会員数が300の機関投資家から構成されており、その合計運用資産額は約4兆ドルを超える。ICCRのメンバーは企業の社会的責任を考慮に入れたスクリーニングポートフォリオを構築し、長期的なリターンを追及している。ICCRホームページ（ICCR：Interfaith Center on Corporate Responsibility）| Inspired by faith, committed to action（2022年3月1日取得）。

(36) Wal-Mart 株式会社（2006）『株主総会招集通知書』。

(37) Financial Times（2006）"Wal-Mart releases report on diversity Corporate Transparency", Apr.12, 2006, p.22.

(38) EEOCホームページ（Home | U.S. Equal Employment Opportunity Commission［eeoc.gov］）（2022年 2 月12日取得）。

(39) 同上（Glass Ceilings: The Status of Women as Officials and Managers in the Private Sector | U.S. Equal Employment Opportunity Commission［eeoc.gov］）（2022年 2 月12日取得）。

第 **8** 章　資本市場と取締役会の
　　　　ダイバーシティ＆インクルージョン

## はじめに

「202030」は、2003年の小泉（純一郎）政権のもとで、あらゆる分野で指導的地位に占める女性の割合を2020年に30%にしようと定められた目標である。また、「202010」は、2020年に女性の役員比率を10%にしようとした目標である。国・地方自治体・企業は、この目標に向かい女性管理職の育成に努めてきたというが、2020年までの17年間の努力の結果は現状1割にとどまり大幅に未達であった。女性の役員比率も2021年現在で7.8%と、こちらも未達であった。政府は、2023年に東証プライム市場に上場する企業の役員比率を2030年までに30%以上にする目標案を公表した。

上野千鶴子は、2017年に「202030」について次のように指摘している。

「202030」は現状では、『男性稼ぎ主型』の働き方を維持したまま、そこに女性の参入を促すようなものだろう。その結果は目に見えている。一部の特権的な女性は、祖母力や外国人家事労働者の力を借りて『指導的地位』に到達するだろうが、それができない多くの女性は『二流の労働力』に甘んじることになるだろう。ネオリベの『優勝劣敗』、『自己決定自己責任』の原理がいっそう徹底し、一部のエリート女性と大多数の女性とのあいだの格差は拡大するだろう。そして『指導的地位』についた女性は、『わたしにできることがなぜあなたにはできないの？』と弱者を責めるだろう。女性はこれまで十分に変化してきたし、力もつけてきた。変わらなければならないのは国家、社会、企業など男性社会の側である。『202030』が女性の分断と格差拡大をもたらすだけなら、『ジェンダー公正』への道は遠い[1]」。

上野は「ジェンダー平等」ではなく「ジェンダー公平」を求める。個人の違いは視野に入れず、すべての人に同じものを与えることが「平等（Equality）」であり、個人の違いを視野に入れて、目的を達成するために適切なものをそれぞれ与えることが「公平（Equity）」とする考え方である。社会の多様性を考えるうえで公平（Equity）は重要な要素である。企業と資本市場においてはD&Iの取り組みが始まったばかりである。

(1) 上野 (2017)、p.100。
※本章の内容はCAPW（Capital Market & Women）プロジェクトの成果、三和（2022a）を基にしている。

# 1．資本市場と D&I

　これまでの国家、社会、企業などの男性社会においては、個人は一器官として、均質な価値観の基に機能することで、全体の効率化、経済的価値の最大化に貢献してきた。この中で多様な個人の価値観は必要ではなく、矯正されるか、排除されるかして均質化されていった。20世紀の資本主義は、均質化した価値観を土台に自然資源を一方的に利用することで発展してきた。これまでの経済成長は無限の自然資本を前提としてきた。しかし、この前提でこのまま進んでいくと、地球環境や社会の持続可能性は危うい、ということに人々は気づき始めた。新しい価値観、ダイバーシティ＆インクルージョン（以下、D&I）などの多様性を包摂する価値観こそが、持続可能な社会や地球を創る方向性である。

　D&I とは組織において、人種、性別、国籍、学歴など多様な人間の存在を尊重し、それぞれが高い個性を認め、1つの組織となってその組織を活かすということである。多様な価値観が活かされる国家、社会、企業を創造することが求められている。多様な価値観が活かされる場では、それぞれが他者に共感することにより、さらに多様な価値観の実現が促進される。D&I に「公平」（Equity）を加えた D&I&E が、わが国においても喫緊の課題である。

　世界経済フォーラム（World Economic Forum：WEF）の「The Global Gender Gap Report 2023[1]」によれば、日本の総合ジェンダーギャップ指数は156カ国中125位であった。この指数は「経済」、「政治」、「教育」、「健康」の4分野のデータから作成される。わが国は先進国の中で最低レベル、アジア諸国の中で韓国や中国、ASEAN（東南アジア諸国連合）諸国よりも低い。

改訂コーポレートガバナンス・コードが公表された2021年（120位）と比べても後退しており、日本のD&Iは遅遅として進んでいないことを示している。

　古い価値観を変える重要な役割を果たすことができる手段として、金融・資本市場の資産配分機能に期待できる。以下では、資本市場がD&I推進に対して、どのように貢献できるかについて、機関投資家の台頭とサステナブル・ファイナンスのフレームワークから考える。次節からは、取締役会における D&I に関する米国の取組みや考え方を紹介する。米国におけるボードダイバーシティは、日本によりもはるかに進んでいるが、EU に比べると遅れているという問題意識のもと、認知、制度、文化的バイアスの要因から、その原因と対策について考察されている。最後に、米国の議論を参考にわが国の取締役会における D&I について検討する。

# 2．取締役会における D&I

　本節では、企業の取締役会における D&I について検討する。取締役会の多様性とは、上場企業の取締役会に一定以上の割合の女性や外国人などが含まれることを意味する。女性の最低比率を定めている国もある。例えばフランスの上場企業は、男女各40％以上のメンバーで構成することが義務付けられている。すなわち男女のジェンダーについて言えば、一方の性が40％を下回ってはいけないということである。組織変革のためには、1 / 3、33.3％という数字は最低ラインとされるが、これはクリティカル・マスの考え方に基づいている。クリティカル・マスとは、集団の中で、たとえ大多数でなくても存在を無視できないグループになるための分岐点があり、それを超える

グループをクリティカル・マスと呼ぶ。例えば、政治分野では女性が議員になっても、その割合が極端に少ないことで、象徴的な存在に留まってしまう現状がある。これでは、女性の立場を生かした立法や政策を実行したくてもできず、結局成果を残せないということになってしまう。同様のことは、取締役会においても言える。わが国においては、取締役会に女性が1名いればよいという風潮もあるが、これでは十分な影響力は期待できない。こうした状況から抜け出すには、クリティカル・マスの考え方に基づき、女性の数を増やし影響力を持てるグループになることが必要である。上場企業の取締役会の女性比率を高めることは、女性のエンパワーメントを実現するための第一歩である。

取締役会に参加する女性は、意思決定に異なる視点をもたらすだけでなく、彼女たちの存在によってチームの男性が情報をより徹底的に処理するようになり、より反省的でオープンな思考を持つようになるという研究結果もある[2]。このような異質性は、知的で豊富な情報を基にした意思決定プロセスにつながり、また、非倫理的で破壊的な意思決定を助長する集団思考の防止にもなる[3]。したがって、重要な意思決定の場に多くの女性を参加させることは、公平性や道徳的な理由から重要であるだけでなく、より良い結果をもたらすことになる。

このような研究があるにもかかわらず、米国は欧州に比べて後れを取っていることを問題意識とする Houser and William（2021）[4]の研究は興味深い。わが国における取締役会の D&I は、米国よりもはるかに遅れており、この議論はわが国にも参考になる。以下、Houser and William（2021）の研究に基づいて考察する。

彼らは、米国における取締役会の多様性が進んでいないことは、相互に関連するバイアスが原因であると分析する。それらは、（1）ゲートキーパーの役割を担う人々の個人的な認知バイアス、（2）取締役の選出プロセスなどの制度的バイアス、（3）米国の文化的な規範、などが挙げられており、これらの根本的な障壁を解決しない限り、女性は企業の取締役会を含む社会

の権限や影響力のあるポジションから排除され続けるとしている。

## 2-1　個人の認知バイアス

　これは、女性の能力やリーダーシップに対する固定観念の問題である。た
とえば、実際にはその事実は証明されていないにもかかわらず、取締役を務
める資格のある女性が不足しているという「プール」や「パイプライン」の
議論をする人がいる。また、親和性バイアスやイングループバイアスが女性
にとっての障壁となっている。このバイアスは、自分と同じような人を好む
傾向のことで、男性が多数を占める取締役では、この親和性バイアスにより
女性候補者を選ばない傾向がある。このバイアスは、日本でも感じられるこ
とである。日本でも女性役員が少ないことが問題視されるが、「候補者が少
ない」ことが主要因として挙げられてきた。

## 2-2　制度的バイアス

　これは、特定の機関の手続きや慣行が、特定の社会集団を有利にする一方
で、他の社会集団を不利にしたり、切り捨てたりする形で運用される傾向の
ことを言う。また、これは意識的な偏見や差別ではなく、多数派が既存のル
ールや規範に従った結果として形成される。歴史的な女性の従属性に加えて、
米国では、取締役会のメンバー選出プロセスが問題であるとされる。狭義の
候補者層とネットワークの同質性は、個人の認知バイアスを強化する制度的
要因と指摘される。

　日本では、特に第二次世界大戦後は男性優位の社会構造となっており、男
性が主な稼ぎ手であり、女性は家庭と家事に責任を持つという考えが、女性
の労働力としての障壁をつくり出してきた。最近は女性の社会進出も進んで
きたが、多くの女性は、その責任や役割についての誤解から、パートタイム
や臨時の仕事に追いやられることが多い。また近年、大学医学部入試におい

て女子学生が差別的な扱いを受けてきたことが露呈したが、これらは性差別や硬直した役割分担による固定観念で、女性を切り捨てる形で社会が運用されてきた事例である。

## ● 2-3　文化要因

　これは、Hofstede 指数を用いて説明される。この指数は「職場における価値観が文化によってどのように影響されるか」を表わすものである。オランダの社会組織人類学者ヘールト・ホフステードによれば、文化とは、あるグループやカテゴリーに属する人々を他の人々と区別するための心の集合的なプログラム、と定義される。

　Houser and William はジェンダー平等に関連する文化的要因のうち、「マスキュリニティ（男らしさ）」、「パワーディスタンス（権力の距離）、「不確実性の回避」の３つの指数を中心に議論している。

　「マスキュリニティ」指数とは、競争やタフであることなど、伝統的に男性的な規範を重んじる文化の度合いを示すものである。この指標によると、このスコアが高い国では個人の達成感が重視され、スコアが低い国では協調性や集団の幸福感が重視される。この研究によると、「マスキュリニティ」の高い社会では、男女の役割がより明確に分かれており、男性は自己主張が強くタフで物質的な豊かさを重視し、女性は控えめで、優しく、生活の質を重視することが求められる。「マスキュリニティ」の高い文化は、より厳格な男女の役割に重点を置き、一方、男らしさの低い社会では、男女の役割が重なり合い、より流動的で、男女ともに協調性があり、生活の質にこだわる傾向がある。

　「パワーディスタンス」指数は、社会が階層間の格差を許容しているかどうかを表している。「パワーディスタンス」のスコアが高い国は、不平等に対する許容度が高いことを示している。したがって、「マスキュリニティ」と「パワーディスタンス」の両方のスコアが高い文化は、男性優位な社会を

表8-1 **Hofstede指数による各国の文化比較**

| 国 | Masculinity | Power Distance | Uncertainty Avoidance | クォータ制に満たない状況の場合のペナルティ | 政治的なクォータ制 |
|---|---|---|---|---|---|
| France | 43 | 68 | 86 | Open seat and loss of fees | あり（規制） |
| Italy | 70 | 50 | 75 | Severe fines and loss of fees | あり（規制） |
| Belgium | 54 | 65 | 94 | Open seat and loss offees | あり（規制） |
| Netherlands | 14 | 38 | 53 | Comply or explain | 任意 |
| Germany | 66 | 35 | 65 | Open seat | 任意 |
| Austria | 79 | 11 | 70 | Open seat | 任意 |
| Spain | 42 | 57 | 86 | Incentives only | あり（規制） |
| Portugal | 31 | 63 | 99 | Open seat（potential fine after 360 days) | あり（規制） |
| U.S. | 62 | 40 | 46 | None | 任意 |
| 日本 | 95 | 54 | 92 | None | 任意 |

出所：Houser and William（2021）を参考に筆者作成。

つくりやすい。「不確実性回避指数」は、その文化がどの程度確実性を求めているかを示しており、同スコアが高い文化は、法的な義務を課し、それに従う傾向が強いと言える。

　Hofstede 指数に基づいて米国の文化を見ると、「パワーディスタンス」が低く、「マスキュリニティ」が高い一方で、「不確実性回避」が低い。つまり、米国国民は少なくとも平等であることを重視するが、「マスキュリニティ」が高いことから、女性の権利を制限していると言える。さらに「不確実性回避」が低いことから、法的なルールやコードは敬遠され、自主的な努力によって問題を解決する傾向にある。取締役会の多様性を高める戦略として、米国は自主的な対策に頼ってきたが、米国のように男らしさのレベルが高い国では、法律の介入なしに女性がビジネスや政治に進出することは困難である。自主的な目標を設定するルールよりも、法的規制のほうが有効に作用すると Houser and William は指摘する。

　一方、「マスキュリニティ」が低く、「パワーディスタンス」、「不確実性回

| 取締役会における ジェンダークォータ | 取締役会における 女性比率 (2019) | 取締役会の女性比率を高めるための施策開始時期 | 取締役会における女性比率目標達成に係った年数 - 達成日（実際の比率） | クォータ達成に係った年数 - 達成年（実際の比率） |
|---|---|---|---|---|
| 40 | 45.3 | 2011 (21.6) | 5-2016 (41.2) | 5 -Met 2016 (41.2) |
| 33 | 36.1 | 2011 (05.9) | 4-2015 (28.6) | 6 -Met 2017 (34.0) |
| 33 | 35.9 | 2011 (10.9) | 6-2017 (30.7) | 8 -Met 2019 (34.4) |
| 30 | 31.3 | 2011 (25.1) | 3-2016 (27.5) | 5 -Met 2018 (30.7) |
| 30 | 35.6 | 2011 (26.1) | 1-2016 (29.5) | 2 -Met 2017 (31.9) |
| 30 | 31.3 | 2011 (19.2) | 1-2018 (26.1) | 2 -Met 2019 (31.3) |
| 40 | 26.2 | 2007 (06.2) | 8-2015 (14.2) | Fail |
| 20/33.3 | 24.6 | 2017 (16.2) | 2-2018/20 (21.6) | 1 -2018 Met/ Open (21.6) |
| | 20.2 | | | |
| | 7.4 (2021年) | | | |

避」の度合いが高い EU 諸国においては、法的ルールが有効であること示している。このためクォータ制が成功していると指摘している。たとえば、「マスキュリニティ」のスコアが低いフランスが取締役会のジェンダーダイバーシティの達成に成功しているのは、より広い文化的背景と、取締役会の多様性に関する法律を「女性の特定の権利や利益を促進するのではなく、両方の代表者を確保することで人間性を向上させる」という枠組みで捉えているためである。総じて EU 諸国においては、「不確実性の回避」指数が高いため、ジェンダーダイバーシティに関する法律を遵守する可能性が高くなる。

　日本は「マスキュリニティ」、「不確実性回避」は極端に高く、また「パワーディスタンス」も平均より高い（**表8-1**参照）。このような文化的特徴を持つ国で、女性の活躍を評価・促進することは、自主ルールに任せておいては困難である。法的な義務あるいはそれに準ずるルールをつくり、追加的に株主の行動に資本市場の規律により D&I を促進することが必要であろう。しかしながら現状日本においては、コーポレートガバナンス・コードやスチュ

ワードシップ・コードなどのソフトローに委ねられており、ハードローの取り組みは進んでいない。こうした状況においては、企業と機関投資家のエンゲージメントが D&I 促進において重要な役割を担う。

# 3．資本市場と D&I の促進

　前述の Hoftede 指数によれば、米国は「不確実性回避」スコアが低い。そのため拘束力を持つハードローはもとより、ソフトローをも敬遠される傾向にある。このことは、1929年の株式大暴落その後の世界不況において、株式会社をいかに規律づけるかに関する議論にもよく表われている。1930年代以降に整備された証券取引法の理念は「開示」にあり、また株主提案権制度の導入など株主による「会社民主主義」が目指された。このような背景から米国では株主議決権行使や株主提案権の利用、また対話といった株主による企業のモニタリング、コミュニケーションが1930年代より盛んである。さらに、1970年代には企業の社会的責任を追及する手段としてこれらが用いられ、こうした動向が現在の ESG 投資やエンゲージメントにつながっている。以下、米国における機関投資家の D&I 関連動向を概観する。

## 3-1　米国における株主・投資家の取り組み

　前章において、NASDAQ や機関投資家の D&I に関する取り組みを紹介した。ここでは、米国の主要な機関投資家の動向を概観する。
　世界最大の資産運用会社であるブラックロックは、2021年から投資先企業

に対し、取締役会や従業員の人種や性別の多様性を高めるよう働きかけており、行動を起こさない取締役に対しては反対票を投じるとした。ブラックロックは、約9.4兆ドル以上（2023年3月）の資産を運用しているが、米国の企業に対し、従業員の人種、民族、性別の構成（EEO-1レポート）と多様性と包括性を促進するために取っている措置を開示するよう求めている。

約4兆ドル（2023年3月）の資産を運用するステート・ストリート・グローバル・アドバイザーズも同様の方針であり、ジェンダーダイバーシティに関する推奨事項を遵守しない企業の役員選任議案に反対票を投じている。ステートストリートは、その提言の中で、女性取締役の割合が高い企業は、より高い水準のROE（自己資本利益率）を達成していることを指摘している。

取締役会の性別の多様性を高めるためのもう1つの民間の解決策は、上場を目指す民間企業が取締役会の女性の数を増やさなければならないという、投資家主導の要件である。米国の投資銀行ゴールドマン・サックスは、2020年に取締役会に少なくとも1人の白人・男性以外がいない場合、新規公開株（IPO）を引き受けないとの方針を示した。

さらに米国では、多くの公務員退職年金基金が取締役会の女性比率向上に向けた取り組みを行っている。たとえば、カリフォルニア州の公務員退職年金制度であるCalPERSは、企業に対して取締役会の多様性に関する方針の開示を求めている。CalPERSを含む公務員年金などが参加する、カリフォルニア取締役会多様性イニシアティブ（CBDI）は、2015年にカリフォルニアで設立され、取締役会が男性のみで構成されていた25社とのエンゲージメントを開始した。このイニシアティブは、取締役会における多様性の欠如に対処することを目的としている。CalPERS単独では、2017年にラッセル3000指数に採用されている企業504社に対し書簡を送付した。この書簡では、取締役会のダイバーシティが企業業績に良いメリットをもたらすという根拠を説明し、各社に対し取締役会のダイバーシティ方針とその実施について情報開示するよう求めた。さらに近年、男性のみの取締役会のカリフォルニア州の企業125社に対し、少なくとも1人の女性を任命するようエンゲージメ

ントを行った。対話で解決しない場合には、株主提案も辞さないことも明らかにしている。マサチューセッツ州、ニューヨーク州、ロードアイランド州の年金基金においても同様の動きが見られる。

　2014年、ニューヨーク市会計監査官のスコット・ストリンガーとニューヨーク市年金基金は、「ボードルーム・アカウンタビリティ・プロジェクト」（以下、BAP）を立ち上げた。このプロジェクトは、「企業の取締役会の構成を決定する際に、投資家の関与を高める」ことを目的とし、第2段階の「BAP 2.0」では、D&Iを「経済的成功のための戦略」と位置付けた。そして、取締役が専門分析についての知見や専門性を有しているかを示す表であるスキルマトリックスの公開などを要請した。2018年6月には、BAP対象企業の85社以上が、プロセスの改善と透明性の向上について報告を行った。またBAPは、大規模かつ長期的な株式所有者が、議決権行使時に取締役候補者を指名することができるプロキシ・アクセスキャンペーン[5]を開始した。このように米国では、株主権の行使や株主提案などを利用したD&Iの促進、またアセットオーナーが関連キャンペーンを行うなど、機関投資家による積極的な社会変革への関与が見られる。

## ● 3-2　わが国におけるコーポレートガバナンス・コード改訂と多様性の確保

　日本のD&Iをめぐる社会変革は、欧州のように強行法規によるものではなく、また米国のように資本市場が主体となる形態ではない。日本においては、コーポレートガバナンス・コードやスチュワードシップ・コードなどのソフトローで主導し、企業と機関投資家が応じる形で社会変革が促される形である。

　従来のコーポレートガバナンス・コードでは、従業員の多様性について、「女性の活躍推進を含む多様性の確保」と女性を中心的なターゲットとした記載であったが、2021年の改訂では補充原則2-4①が新設され、女性だけ

でなく外国人や中途採用者も明記された。また、具体的内容として、管理職の登用等「中核人材の登用等」における多様性の確保と、踏み込んだものになっている。加えて（i）中途人材の登用等における多様性の確保についての考え方と自主的かつ測定可能な目標、（ii）多様性の確保に向けた人材育成方針と社内環境整備方針について、その内容と状況の開示を求めている。

　また、企業がコロナ後の不連続な変化を先導し、新たな成長を実現するうえでは、取締役会のみならず経営陣にも多様な視点や価値観を備えることが求められ、企業の中核人材における多様性（ダイバーシティ）の確保が求められている。わが国の企業を取り巻く状況等を十分に認識し、取締役会や経営陣を支える管理職層において、ジェンダー・国際性・職歴・年齢等の多様性が確保され、それらの中核人材が経験を重ねながら、取締役や経営陣に登用される仕組みを構築することが極めて重要である。こうした多様性の確保に向けて取締役会が、主導的にその取り組みを促進し監督することが期待される。そこで、多様性の確保を促すためにも上場企業は、女性・外国人・中途採用者の管理職への登用等、中核人材の登用等における多様性の確保について、その考え方と自主的かつ測定可能な目標を示すとともに、その状況の開示を行うことが重要である。また、多様性の確保に向けた人材育成方針も作成・開示に努める必要がある。

　機関投資家は議決権行使やエンゲージメントにおいて、持続的な成長と中長期的な企業価値の向上に向けて、適切な知識・経験・能力を全体として備え、ジェンダーや国際性、職歴、年齢の面を含む多様性が十分に確保された取締役会であるか、その際取締役として女性が選任されているか、に注目する必要がある。このように両コードともに取締役会のみならず、中核人材における多様性確保を推進しており、企業と機関投資家はこのコードに従った改革、エンゲージメントを推進している。しかし逆に言えば、コードに求められる以上のことはしなくてもよい、という風潮もある。「なぜ多様性が必要なのか、価値創造とどのように結びつくのか」について企業、機関投資家それぞれが自分事として考え、エンゲージメントを行う必要がある。

# 4．まとめ

　米国において女性が企業の取締役会で真の平等の地位を得るには、40年か
ら50年、CEO で同等の地位を得るには80年かかると指摘される[6]。また、
世界経済フォーラムが世界の男女平等に向けた進捗状況を測定した Global
Gender Gap Report の結果、2018年の格差の縮小が鈍化した。このことを
受けて米国の女性リーダーたちは、「男女平等とインクルージョンを実現す
るための政策や法的・社会的枠組みへの再投資が何より重要である」という
書簡を公表した[7]。欧州では規制により、また米国では株主や取引所などに
よる女性活躍に対する大きなムーブメントがある。翻って、日本はどうであ
ろうか。コーポレートガバナンス・コード、およびスチュワードシップ・コ
ードの改定、さらには議決権行使助言会社 ISS などの推奨を機に、ようやく
取締役会に女性１人～10％が確保される時代に入った。法規制などの検討も
必要であるが、それを待っているだけで社会は変わらない。資産配分機能を
担う資本市場の役割は重要である。前章で述べた機関投資家が提案した
EEO-1 レポート開示のように、変わらない社会を変えていく力が資本市場
にはある。日本の機関投資家も D&I の課題に取り組み企業に対してエンゲ
ージメントを行っているが、日本における女性活躍という社会的課題に対し
ては、制度的なアプローチと資本市場の双方の力が必要であろう。

(1) World Economic Forum（2023), p.11（https://www 3 .weforum.org/docs/
　　WEF_GGGR_2023.pdf).
(2) Phillips, W. Katherince（2014).

(3) Irving, L. Janis（1978），A. O'Connor（2003），Johnson, Kristin et al.（2016），Peterson, A. Robert（2010）など、多くの文脈が女性の方がより倫理的な決定をすることを示唆している。

(4) Houser and Williams（2021）。

(5) プロキシ・アクセスとは、長期保有株主（または長期保有株主のグループ）が、会社の年次株主総会のプロキシ・カード（投票用紙）に、取締役候補者の代替案を記載することができる機能をいう。

(6) Jessica Yun, Women CEOs Will Have to Wait Another 80 Years for Parity with Men, Yahoo Finance. Yun は、Yahoo Finance Australia のプロダクション・エディター兼ワーク / キャリア・コレスポンデントである。

(7) Kate Whiting（2019）*Female Leaders Warn About the Erosion of Women's Rights*, WORLD ECONOMIC FORUM（February 28, 2019）（https://www.weforum.org/agenda/2019/02/female- leaders-warn-about-theerosion-of-women-s-rights/）。

第 **9** 章　株主アクティビストとBoard 3.0

## はじめに

　本章と次章においては、ユニバーサルオーナーとは対局に位置づけられる株主アクティビストの動向に焦点を当てる。

　近年、わが国においても株主アクティビストが推薦する取締役が選出される事例が出現している。2019年にオリンパスや川崎汽船は、株主アクティビストファンド出身者を社外取締役にし、コスト削減や資本効率の改善政策などの経営の効率化など、株主アクティビストと協力して経営政策の改善を行ってきた。

　株主アクティビズムについては、厳密な定義があるわけではないが、学術的には「何らかの点で標的企業の経営に関して不満を持つ投資家（株主）が、当該企業の支配権を獲得しようとはしないものの、不満を解消すべく、当該企業の経営に変化を生じさせようとする活動[(1)]」と理解されている。株主アクティビストの活動は近年活発化している中、Board 3.0を推奨する動きが、わが国においても見られる[(2)]。Board 3.0は、ハーバード大学のジェフリー・ゴードンらが提唱する新しい取締役会のモデルである。現在のモニタリング型の取締役会は、取締役の独立性を重んじるあまり、その専門性やビジネス経験などが軽んじられている。素人の社外取締役よりも洗練されたアクティビストのほうが事業をよく理解している。そのため、経営戦略を担う新しい組織を新設し、戦略担当の社外取締役を株主アクティビストから迎えるというモデルが推奨されている。米国でのこのような議論を契機に、日本企業にも期待する動きも見られる。日米企業の内部統制システムや、コーポレートガバナンスの進化、機関投資家への株式集中度、日米の株主アクティビストの動向には相違があり、一概に Board 3.0の議論を日本企業に適応することには疑問を感じる。本章では、このような問題意識に基づき、Board 3.0の議論を概観し、株主アクティビストと企業の関わり方について考察する。

(1) 田中亘・後藤元（2020）、p.115。
(2) 日本経済新聞（2021）「企業統治、『戦略』に重み　ジェフェリー・ゴードン氏」、2021年9月8日。日本経済新聞（2021）「長期投資家招き『ボード3.0』に」、2021年12月10日。
※本章の内容は、三和（2022b）を基にしている。

# 1．Board 3.0とは何か

　「コーポレートガバナンスは、取締役会に始まり取締役会に終わる[1]」と言われるように、コーポレートガバナンス・システムの根幹は取締役会にある。「所有と経営の分離」により、株主総会は形骸化し経営者支配の状況が出現する。この結果出現するエージェンシー問題を解決する仕組みが考えられた。すなわち経営者は、本人である株主から経営を委託されたエージェント、代理人であるため、株主の意図どおりに動かない。このことから起きる経営者の自己保身行動などを防ぐシステムが、コーポレートガバナンスである。年に一度の株主総会では、株主は日々の業務を監督することはできないため、株主が株主総会で選んだ取締役が代わって監督するという仕組みである。それゆえ、取締役会の機能をいかに発揮させるかが重要な課題となるのである。

　Gilson and Gordon（2019）[2]は、新しい取締役会モデルとして、「Board 3.0」を提唱した。本章では、まず彼らのいう Board 3.0について概観する。Board 3.0の目的は、豊富な情報、十分な資源、高いモチベーションを持つ取締役会のモデルを開発することとされる。現在の取締役会モデルは情報が少なく、リソースが不足しており、モチベーションに限界がある。Board 3.0の取締役は、必要に応じて機関投資家とともに、株主アクティビストの侵攻から経営陣を守ることができる。Gilson and Gordon（2019）は、Board 3.0の着想をプライベートエクイティ・ファンド（以下、PE ファンド）から得ている。PE ファンドは未公開企業に投資をし、上場させることで利益を得るファンドである。投資先企業の経営に深く関与している PE ファンドを上場企業に適用させるようにする試みである。現在の公開会社の取締役会モ

デルは、約40年前に開始された組織的な実験であり、失敗したそれ以前の組織形態に取って代わったものである。しかしこのモデルでは、情報の非対称性を克服することができず、非公開化などを選択する企業もある。このような問題に対処するための新しい取締役会のモデルが Board 3.0である。新たな公開会社の取締役会モデルを創ることは、資本市場の能力強化、その結果、公開会社の数を維持することもできる。次に Board 3.0に至るまでの米国の取締役会の進化を概観する。

## 1-1　Board 1.0

1950年代から60年代までに米国において確立した取締役会のモデルは、Board 1.0と呼ばれている。この取締役会は、アドバイザリーボードとも呼ばれ、取締役は経営者のチームの一員であり、他の企業の役員、経営者の信頼できる腹心、たとえば企業の外部の法律事務所、銀行、投資銀行など、経営者と関係のある取締役で構成されていた。このような取締役会は、当時の米国公開企業の典型的な型であった。しかし1970年に、ペン・セントラル鉄道が経営破綻し、その後金融システムに衝撃を及ぼした事案は Board 1.0の限界を示した。すなわち Board 1.0の取締役会は、企業の経営課題を知らない、コングロマリットの拡大を背景により大きな企業を求める経営者の欲望を抑制できない、違法な選挙運動の献金や海外での賄賂などの防止ができないなどの問題が顕在化した。

## 1-2　Board 2.0

次に登場するのが、独立取締役で構成される監査委員会を活用する Board 2.0である。1970年代から2000年代にかけて台頭してきた Board 2.0は、モニタリング・ボードとも呼ばれ、以下の点が強化された。第一に、独立取締役が過半数を占める取締役会から、CEO（最高経営責任者）を除いて、ほぼ

独立取締役のみで構成されたこと、第二に、独立性基準がますます厳格になったことである。2000年代までにほとんどの大規模な公開企業は、監査委員会、報酬委員会、指名委員会を設置するようになり、モニタリング・ボードの形が整った。日本ではこの型は指名委員会等設置会社と呼ばれる。

　米国にモニタリング・ボードの型が定着した背景には、敵対的買収に直面した経営者が買収防衛策をとることについて正当性を高めるために、独立取締役で構成される特別委員会などを必要としたことがある。また、株式保有率が上昇した機関投資家が、株主利益と連結した独立性の高い取締役会を強く要求したこともある。さらにこの時期、規制やコンプライアンスに関する要求が高まり、委員会構造や独立基準の強化につながったことなどが挙げられる。特に、2000年代初頭のエンロンやワールドコムなどの会計スキャンダルの影響で、サーベンス・オクスリー法（企業統治を強化し不正会計を防ぐため、米国で2002年に成立した法律）の制定や証券取引所の上場要件が厳格化され、独立性基準が義務付けられた。わが国のコーポレートガバナンス・コードも、このようなモニタリング・ボードを推奨しているが、わが国の場合、指名委員会等設置会社、監査等委員会設置会社、監査役会設置会社と３つの機関設計が混在し、いまだ指名委員会等設置会社数は100社に達していない。一方、東証プライム市場上場企業の８割以上が任意の指名・報酬委員会を設置している[3]。わが国企業の多くは、監査役会設置会社および監査等委員会設置会社という機関設計を維持しつつ、指名・報酬委員会を任意で設置し、取締役会のモニタリング機能を高める独自の方向性にある。すなわち、アドバイザリーモードの形を取りながら、任意の委員会導入でモニタリング機能を高めようとするものである。

## 1-3　Board 2.0の限界

　米国では、モニタリング・ボードの限界が指摘され Board 3.0が目指されている。Board 2.0の問題点は、以下のように指摘される。まず、取締役会

に十分な情報がないことである。通常、米国では取締役会は隔月で開催され、経営陣との情報の非対称性が大きい。独立取締役の取締会以外の情報源は、証券アナリストや他の市場参加者による熱心な情報収集と投資活動によって形成される株価である。つまり、株価がBoard 2.0の取締役が信頼できる業績評価指標であるという。現代ファイナンス理論においては、株価には利用可能なすべての新たな情報が直ちに織り込まれており、超過リターン（投資家が取るリスクに見合うリターンを超すリターン）を得ることはできない、すなわち株価の予測は不可能であるという効率的市場仮説が1970年代以降、学会でも実務会においても有効である。

しかしこの50年間で資本市場の大きな変化あった。すなわち、株式の所有権が機関投資家に再び集中したことで、株主アクティビストやヘッジファンドという新たな仲介者が台頭してきた。株主アクティビストは、主に株価が低迷している企業に焦点を当て、その企業の戦略や経営陣の運営能力を批判する。さらに彼らは委任状争奪戦で取締役の一員になり、巧妙な経営批判と変革の提案を行い、経営者が賢明でないと考える時期に会社を売却することもある。株主アクティビストは、このように対象企業への相当額の投資により、数年にわたり情報収集し経営に深く関与するのである。この結果、株主アクティビストのほうが独立取締役よりも会社に関する情報を、より多く持つ可能性がある。

## 1-4　Board 3.0の運営と　　　リレーショナルインベスター

Board 3.0は、現行のBoard 2.0モデルの取締役（以下、2.0取締役）と、経営陣の戦略や業務遂行状況を特に監視する役割を担う「権限を与えられた」取締役（以下、3.0取締役）を組み合わせた取締役会である。2.0取締役は、現在と同様に、コンプライアンスに焦点を当てた委員会に参加し、また必要に応じて「特別委員会」に参加する。3.0取締役は、「戦略検討委員会」とい

図 9-1 ｜ Board 3.0の取締役構成

2.0取締役 ＋ 3.0取締役 ＝ Board 3.0

コンプライアンス等に焦点を当てた委員会に参加

経営陣の戦略や業務遂行を監督する特別委員会＝戦略検討委員会に参加

う新たな委員会に参加する。これらの取締役は、3.0取締役の経営陣と社内の「戦略分析室」によってサポートされる。追加のサポートが必要な場合、3.0取締役は外部のコンサルタントを雇うことができる。3.0取締役の報酬は、主に長期の株式ベースの報酬によって支払われる。3.0取締役は、株主アクティビストの推薦する取締役候補者を迎えるというモデルである（**図9-1**）。

さらに、PEファンドを「リレーショナルインベスター」として経営に参加させることも提唱されている。PEファンドは経営分析能力、取締役候補者の人材ネットワークを持っており、より適格な取締役候補を推薦できる。

ところで、1990年代初頭に「リレーショナルインベストメント」という概念が議論された。これは、敵対的買収者の短期主義を克服しつつ、エージェンシー・コスト（企業経営において株主［依頼人］と経営者［代理人］の間に利害対立が生じ、非効率な経営が行われるために生じるコスト）を抑制する方法として推進された考え方である。当時、機関投資家の持株比率が高まることで、機関投資家が自らを長期的な価値創造のパートナーと認識し、新たなガバナンスの仲介者であるリレーショナルインベスターが誕生すると考えられていた。しかし、現実には、ほとんどの機関投資家は、広範な分散投資と手数料の最小化を追求するようになり、リレーショナルインベストメントのモデルとは異なる行動をとった。現在、リレーショナルインベスターとして知られている会社は一握りで、米国の投資会社であるバリューアクト・キャピタルがその代表格であると Gordon and Gilson は言う。

PE ファンドは、ビジネスに精通し、ガバナンスモデルを持ち、長期的な視点を持っている。未上場企業に投資をし、投資先企業と上場まで伴走し、上場によって資金回収をする PE ファンドのモデルを公開企業に適用しようとするものである。

　以上、米国における Board 3.0を概観したが、ここでは市場の非効率性の問題と取締役会と執行役会の情報の非対称性を、どのように解消するかが問題となっている。そこで情報収集能力や取締役の人的ネットワークを持つ株主アクティビストが、取締役として経営戦略を担うことが推奨されている、Board 3.0の株主アクティビストは、リレーショナルインベスターとして、時には短期的な株主アクティビストと対抗する戦略も立てることができる。

　日米の最大の違いは、日本では指名委員会等設置会社数は少ないが、任意の指名・報酬委員会を導入することにより、モニタリング機能を高めていく方向性にある点である。取締役会と執行役会の情報の非対称性という問題については、日本企業はアドバイザリーボード形式に任意の委員会を設置することで解決しようとしている。

　また、ヒルブズ（2012）[4] が指摘するように、取締役会が重視する価値には国ごとに違いがある。米国のようなグローバル・株主価値重視アプローチ、日本やドイツのようなローカル・ステークホルダー価値アプローチ、そしてそれらを統合したグローーカルな共通価値アプローチの３つの型に分類される。取締役会がステークホルダー価値を重視する風潮や文化がある国で、Board 3.0を適用するには、株主アクティビストがどの程度長期投資家なのか、またステークホルダー価値についてどのように考えているか、などを確認する仕組みが必要であろう。

# 2. 機関投資家の
## 二重のエージェンシー関係

　現代の株主構成においては、機関投資家への資産集中度がますます高まっている。有価証券報告書の大株主欄に信託口やマスタートラストが並ぶ企業が多いが、FactSet データ（2021年8月19日）によれば、TOPIX 構成企業の実質株主は、米国勢ではブラックロックやフィデリティ・マネジメント＆リサーチ、国内では野村アセットマネジメントや日興アセットマネジメントなどを筆頭に1,170社の機関投資家が名を連ねている。これらの機関投資家が保有する日本株の時価総額は約170兆円にものぼる。この内訳は、日米英の機関投資家でほぼ占められており、それぞれ約101兆円、約41兆円、約21兆円である。つまり、彼らだけで東京証券取引所の時価総額の1／4近くを占める資産を保有していることになる。Gilson and Gordon（2019）は、このような状態を「エージェンシー資本主義」と呼んでいる。これは、従来の経営者をエージェント、株主をプリンシパルとの間のエージェンシー問題ではなく、株主は受益者から資金運用を委託されたエージェントでもあり、機関投資家（エージェント）が経営者（エージェント）に委託―受託関係にある構造を示している（**図9‑2**）。

　現代の機関投資家の運用は、リスク管理に特化した現代ポートフォリオ理論に基づいている。しかし、二重のエージェンシー関係において機関投資家は、経営者の監視やコーポレートガバナンスにおいて積極的な役割を果たすことには興味がない。これはガバナンス・ギャップと呼ばれ、エージェンシー資本主義のエージェンシー・コストが生じる。この問題に対処するためには、機関投資家が、現在行っている分散投資やポートフォリオの最適化を補完する新たなアクターが必要になる。そのようなアクターは、経営戦略やガ

図 9-2 | エージェンシー関係

受益者
Principal

機関株主
Agent
Principal

経営者
Agent

出所：筆者作成。

バナンスの欠陥を特定するスキルを身に付け、ガバナンスに関連してパフォーマンスが低下している企業の株式を取得し、投資先企業の戦略や構造を特定して変更する。さらに、このようなことを他の消極的な機関投資家に提案できる立場にある。

　英国、日本などでは、コーポレートガバナンス・コードやスチュワードシップ・コードの導入により、機関投資家に責任ある投資家としての行動をとらせる方針である。一方米国では、このような方法よりも PE ファンドのような、株主アクティビストによる経営戦略への介入が有効だと主張されている。わが国のコーポレートガバナンスは、戦後の株式持ち合いやメインバンク制度から米国型を目指して、会社法改正、ソフトローの導入が行われモニタリング・ボードへの移行途中と言える。政策保有株の売却が進み、外国人投資家を中心とした株主アクティビストの株式保有比率も高まり、その発言力が増している。このような株主アクティビストは、短期的な経営戦略ノウハウは持ち合わせているが、果たして長期的にリレーショナルインベスターとなり得るか疑問である。

# 3．東芝と株主アクティビストの攻防

　前述のとおり、オリンパスや川崎汽船などは、米国投資ファンドのバリューアクト出身者を社外取締役にし、コスト削減や資本効率の改善政策などの経営の効率化など、株主アクティビストと協力して経営政策の改善を行っている。このような企業は、Board 3.0型の企業と言える。一方で、東芝のように経営不振を契機に、株主アクティビストが介入し、その後経営陣と株主アクティビストとの攻防が顕在化した事例もある。

## 3-1　東芝の経営混乱と株主アクティビストファンドの介入

　2021年の東芝と株主アクティビストとの、2020年7月総会をめぐる攻防は記憶に新しい。本節では、この経緯について概観する（**表9-1**）。まず2015年の不正会計にまで話は遡り、不正会計発覚後それまでの歴代三社長が辞任をした。その後特設注意市場銘柄に指定され、上場も危うい状態となった。2016年に再発防止策がまとめられるが、米国原発事業で巨額損失が発覚、優良子会社であった東芝メディカルをキヤノンに売却することになる。2017年には、債務超過になり東証二部に降格した。同年12月に希薄化率54％、6,000億円の増資を行った。増資の引受先はエフィッシモ・キャピタル・マネジメント（以下、エフィッシモ）やサードポイント、サーベラス、グリーンライトなどアクティビストを中心としたファンドであった。エフィッシモは、ここで11.34％の株主となる。この時点で外国人株主は63％となった。その後、東芝と株主アクティビストとの成長戦略や株主還元をめぐる対立が深まり、

## 表9-1　東芝の経営混乱とアクティビスト

| 年 | 月 | 出来事 |
|---|---|---|
| 2015 | 4 | 不正会計が発覚 |
| | 7 | 歴代3社長が辞任<br>（田中久雄社長、佐々木則夫副会長、西田厚聰相談役）<br>⇒顧問・相談役の開示へ |
| | 9 | 利益水増し額7年間で2,248億円と発表 |
| | | 特設注意市場銘柄に指定 |
| 2016 | 3 | 再発防止策をまとめる |
| | | 米国原発事業で巨額損失が発覚 |
| | 12 | 医療機器事業（東芝メディカル）をキヤノンに売却 |
| 2017 | 8 | 債務超過で東証二部に降格 |
| | 10 | 特設注意市場銘柄指定が解除 |
| | 12 | 約6,000億円の増資、モノ言う株主参加<br>普通株を1株262.8円で23億株近く新たに発行。希薄化率は約54%。60社に上る出資者リストには増資後に議決権の11.34%を握る旧村上ファンド出身者が設立したエフィッシモ・キャピタル・マネジメントやサードポイント、サーベラス、グリーンライトなどアクティビストの名前がある。この時点で外国人株主は63%となる。 |
| 2018 | 4 | 英国投資ファンドCVC出身の車谷がCEOに就任 |
| | 6 | 半導体メモリー事業（東芝メモリー）売却 |
| | 10 | ファンド（アーガイル・ストリート）が1兆円の還元要求 |
| 2020 | 1 | 子会社（TSC）で架空取引が発覚 |
| | 7 | 定時株主総会で筆頭株主（エフィッシモ）の株主提案否決<br>（エフィッシモ創設メンバーの今井陽一郎らの取締役選任。否決も今井選任への賛成率は43%に上る） |
| 2021 | 1 | 東証一部に復帰 |
| | 3 | 臨時総会でファンド提案を可決<br>（2020年7月の定時株主総会の運営を巡る調査者を選任） |
| | 4 | CVCが買収提案、車谷CEOが辞任 |
| | 5 | 戦略委員会の設置を公表<br>（独立社外取締役5名で構成：ポール・ブロフ、ワイズマン廣田綾子、ジェリー・ブラック、レイモンド・ゼイジ、橋本勝則） |
| | 6 | 2020年の定時株主総会の運営を巡る調査報告書公表 |
| | | 総会で永山議長らの再任案否決 |

| | 8 | ガバナンス強化委員会を設置 |
|---|---|---|
| | 11 | ガバナンス強化委員会報告書を公表 |
| | | ３つの独立会社への再編（スピンオフ）を発表 |
| | 12 | ガバナンス強化委員会報告書を受けての再発防止策を公表 |
| 2022 | 6 | 新たに２名のアクティビストファンド出身者を含む13名の取締役選任議案が可決　現役社外取締役の綿引はこの２名の選任に反対 |
| 2023 | 12 | 20日　東芝上場廃止　74年の上場企業としての歴史に幕 |

出所：CGネット・ガバナンス勉強会（2021年12月）資料を基に筆者作成。

2020年７月の株主総会で、旧村上ファンド出身者がつくったエフィッシモは、自らが推薦する今井の取締役選任議案の株主提案を行った。賛成率は43％までいったが、結果は否決された。

　この総会について、エフィッシモは「議決権行使を巡って不当な圧力があった」として、臨時株主総会の開催を求め、調査する弁護士を選任する株主提案を行った。2021年３月臨時総会にて、ファンドの提案は可決され調査者が選任された。2021年６月総会前に公表された調査報告書は[5]、東芝の経営陣と経済産業省（以下、経産省）が一体となって、株主の正当な声や一部の株主の議決権の行使に対して不当な圧力を加えたと結論付けた。この報告書の公開後、株主アクティビストは株主価値極大化を目的とする資本市場の声を代表するものであり、これに政府が介入することは言語道断である、経産省と東芝が一体となって株主アクティビストを抑え込んだ、という内容の報道などが繰り返され、東芝に対する批判が大きくなっていった。さらに、同社の社外取締役４名ポール・ブロフ（会計事務所出身）、ジェリー・ブラック（イオン顧問）、ワイズマン廣田綾子（投資会社出身）、レイモンド・セイジ（投資ファンド出身）は、東芝が株主の利益に反する行動をとったと言及し、会社提案の取締役選任について全員に賛成できないことを表明した。企業の社外取締役が、自社の総会提案に反対を表明するという異常な事態となった。

　これを受けて東芝は６月総会直前に、報告書で名指しされていた４名の取締役候補者を外すことにした。残る取締役候補者であった取締役会議長の永

山治（中外製薬名誉会長・元ソニー取締役会会長）、監査委員の小林伸行（公認会計士）の2名の候補者は総会において否決された。

　このような東芝の混乱について、2021年11月にガバナンス強化委員会報告書、12月には再発防止策が公表されている。同報告書によれば、「東芝の執行役らが経産省と共同して議決権等の行使を制約する違法な働きかけを行ったとは言えない。ただ違法ではないとしても『市場が求める企業倫理』に反する行為があった」と結論付けている。真因として、コーポレートガバナンス上の問題が挙げられ、①外国投資ファンドに対する一面的な見方・対話の軽視、②経産省への過度な依存を当然視する企業風土、③CEO主体の執行部内の方針が取締役会に報告されなかった、④執行役から取締役会へ挙げられる議題設定および報告が不十分であったこと、などが指摘されている。2021年12月の再発防止策では、上記の真因をもとに、①株主との健全な信頼関係の構築、②行政への過度に依存する体質、③コーポレートガバナンスの再構築が挙げられている。

　2021年の株主総会、その後のガバナンス強化委員会報告書を経て、東芝は投資ファンド優位な経営体制が構築されていった。翌2022年株主総会においては、東芝の非上場戦略を提唱する株主アクティビストから、さらに2名の社外取締役候補者を迎えた。ファラロン・キャピタル・マネジメントのマネージングディレクターである今井英次郎と、エリオット・インベストメント・マネジメントのシニア・ポートフォリオ・マネジャーであるナビール・バンジーである。この提案に対して、現役の社外取締役であった綿引万里子が反対を表明する、という異例の株主総会となった。結果は可決され、綿引は総会直後の取締役会で辞任を表明した。

　綿引は、反対の理由を下記のように主張した[6]。

・特定の株主の利益を図っていると見られる。多様性、公平性、バランスの良さを十分に配慮すべきである。同社には同じくファラロン関係者の候補者のレイモンド・セイジがおり、特定の株主に偏っていると見える。

ファラロンは東芝の非公開化が最善の解決策であると主張している。

・東芝は両氏と個別に、潜在的な利益相反や独立性の確保、秘密保持など
を明確にするための合意書を締結した。しかし、合意書には定時総会前
に両氏が特別委員会のメンバーになることを認める内容が含まれるなど、
十分なものではない。

・両氏が加わるならファンドの推薦で加わった外国籍の4人の社外取締役
は退任すべきである。

## 3-2　東芝非上場提案

　2020年7月総会をめぐる株主アクティビストとの攻防のほかに、2021年4
月には英国の投資ファンドCVCによる買収・非上場提案が出されている。
その過程でCVC出身のCEO車屋が辞任し、この提案は実現しなかった。
さらに2021年5月には、東芝の3分割提案がなされた。分割案を主導した
「戦略委員会」は、株主アクティビストの推薦で19年の株主総会で選任され
た外国籍の社外取締役4人を中心に構成された。「株主の利益」を重視する
戦略を委ねられていると見られていたが、この3分割提案に対し株主アク
ティビストは、「外国籍の社外取締役も含めて、経営陣が保身に走った」と厳
しい意見を述べている。これは、株主アクティビストが求めてきた「非上場
化」を経営陣が選ばなかったことによる批判である。非上場化は上場企業の
経営再建策の1つであり、既存株主にとっては高値で売り抜ける好機になる。
2021年5月にCVCが非上場化を提案した際には、株価が上昇した。世界最
大の株主アクティビストである米国エリオット・マネジメントは、5％近く
まで東芝株を買い増し、「東芝株は6,000円の価値がある」などと主張した[7]。

　結局、東芝は2023年3月に日本国内の投資ファンドである日本産業パート
ナーズ（JIP）が設立した特定目的会社であるTBJH株式会社による非上場
化を前提としたTOB（株式公開買付け）形式での買収案の受け入れを取締役
会で決議した。TBJH合同会社（TOB時はTBJH合同会社であったが、のちに

TBJH株式会社に組織変更）は、1株4,620円でTOBを実施し、同年9月27日をもって株式の78.65％を取得し、東芝は12月に非上場会社となり74年の上場企業としての歴史が終わった。

　東芝のケースは、経営の混乱時に株主として介入した株主アクティビストが10％を超える株式を保有し、臨時株主総会開催、調査会報告を求め、また会社分割を進めるなど投資家主導のコーポレートガバナンス、経営改革が進められた事例である。

　ここでは、①2015年の不正会計からの経営混乱の中で、2017年の増資を契機に株主アクティビストファンドの介入を許した点はコーポレートガバナンス欠如の問題である。②その後は、株主アクティビストファンド主導の経営改革が行われるが、ファンドの短期的な利益確保と中長期的な会社の戦略との対立の問題が顕在化した。そして最後は、③株主アクティビストファンドが主導する形で非上場化の道を辿る中で、ステークホルダーと株主との利益相反の問題、という3つの論点がある。

　米国における株主アクティビストが株主総会のマジョリティーを握ることはない。Board 3.0における株主アクティビストは、あくまで伴走者として企業価値向上に貢献するという存在である。一方、日本における株主アクティビストは、会社支配を求める株主アクティビストも存在しており、上村（2021）は、このような株主に対して以下のように指摘する[8]。

　「カネがあって株式を買えれば主権者になるわけではない。（中省略）『物言う資格』を厳格に位置付けていくことが必要である」

　Board 3.0の議論に戻れば、日米間のコーポレートガバナンス・システムや株主アクティビストの質、取締役会が重視する価値などに違いがある。また日本においては、アドバイザリーボードが主流であり、取締役会の役割も異なる。このような状況において、株主アクティビストを取締役会に招くと

いう議論は拙速である。株主は「カネがあれば何をやってもよい」ということではなく、株主の質（素性）を考慮するための開示や長期株主優遇策などを制度化する議論も必要であろう[9]。

# 4．まとめ

　本章では、わが国における株主アクティビストと企業の攻防からBoard 3.0が有効なのかについて検討した。米国のBoard 3.0の議論は、モニタリング・ボードの限界性、取締役会と執行役の情報の非対称性を解消するために、リレーショナルインベスターとしての株主アクティビストを招き入れるということであった。東芝の事例に見られる株主アクティビストは、株主還元、経営資源の集中などの株主価値極大化を目的とするものであった。Board 3.0が提唱する、リレーショナルインベスターとは根本的に異なる。これまでの日本における株主アクティビストは、米国のそれらと比べると、近視眼的で配当と株価の成長、TSR（トータル・シェアホルダー・リターン：キャピタルゲイン［株価の騰落］とインカムゲイン［配当］の合計で算出する株主総利回り）を重視する傾向が強かったと思われる。日本と米国の株主アクティビストの違いについては、第10章で詳しく検討する。

(1) George, W. W.（2002）, p.23、マルティン・ヒルブズ（2012）、p.79。
(2) Gilson and Gordon（2019）.
(3) 日本取締役協会「指名委員会等設置会社リスト（東京証券取引所 上場企

業）」および「上場企業のコーポレート・ガバナンス調査」（https://www.
jacd.jp/news/iinkaisecchi.pdf）（取得日2023年8月1日）、（https://www.
jacd.jp/news/opinion/cgreport.pdf）（取得日2023年8月1日）。

(4)　ヒルブズ（2012）、pp.21-23。

(5)　東芝（2021）「調査報告書」2021年6月10日（https://www.toshiba.co.jp/
about/ir/jp/news/20210610_1.pdf）（2021年6月20日取得）。

(6)　Bloomberg（2022）「東芝社外取の綿引氏、物言う株主の取締役選任「多様
性、公平性欠く」（2022年6月6日）（https://www.bloomberg.co.jp/news/
articles/2022-06-06/RCXRTWDWX2PS01）。

(7)　日経ビジネス（2021）「東芝3分割案に「失望」、物言う株主が反発」2021
年11月15日。

(8)　上村（2021）、p.223。

(9)　同上、pp.223-228。「株主増の認識も踏まえて多数株主の議決権行使の濫用
法理の活用、同様の観点からの事前の議決権行使の差し止め、さらには株
主の不平等扱いの正当理由を広範に肯定すること、支配株主の誠実義務を
確立したうえでそれを株主の素性情報をも踏まえて運用すること、会社の
在り方について物をいった株主は、その後当分の間株式の転売を禁止する
等などといったことを、あらためて判例理論として確立していくための努
力を続けていく必要があると思われる」。

第**10**章

日本における
株主アクティビズムの動向

## はじめに

　近年世界的に株主アクティビズムが活発化している。コロナ禍で一時その件数は減少したが、2022年の株主アクティビスト（モノ言う株主）のキャンペーン数はパンデミック前の水準に戻ってきた[1]。

　日本企業に対する株主アクティビズムは、2000年代初め頃から活発になり、2007年のブルドックソース株式会社 対 米国ファンドのスティール・パートナーズの事件とその後の金融危機を契機にいったん沈静化したが、2015年頃から再び活発になってきた（**図10-1**）。

　フランスにおいては、このようなファンドによる株主アクティビズムが経営のショートターミズムを招くとして、その動向について問題視された。2019年に調査団からフランス下院に提出された報告書によると、日本は米国に次ぐ株主アクティビストの「遊び場」となっていると言われた[2]。このような株主アクティビストの活動は日本企業にどのような影響を及ぼすのであろうか。本章では、日本における株主アクティビズムの動向を概観し、株主アクティビストが日本企業にもたらす影響について考察する。

(1) Lazard Asset Management（2023, January 18）. Lazard's Review of Shareholder Activism 2022.（https://www.lazard.com/research-insights/lazard-s-review-of-shareholder-activism-2022/）
(2) French National Assembly（2019, October 2）. RAPPORT D'INFORMATION（INFORMATION REPORT）.（https://www.assemblee-nationale.fr/dyn/15/rapports/cion_fin/l15b2287_rapport-information）
※本書の内容の一部は Tai & Miwa（2023）を基にしている。

# 1. 日本企業に対する
## 株主アクティビズムの活発化

　**図10-1**は、2003年から2021年までの日本企業に対する株主アクティビズム件数の推移を示したものである。2007年のブルドックソース事件[1]をピークとして第一の波が来たが、その後アクティビズム件数は減少した。スチュワードシップ・コード、コーポレートガバナンス・コードが導入された2000年代半ばより同件数は再び上昇している。

　日本企業は内部留保が多いことに加え、2022年7月現在でTOPIX500でPBR（株価純資産倍率）1倍割れの企業が43％を占め、米国または欧州と比べると割安の企業が多く[2]、株主アクティビストのターゲットにされやすい。さらに、2023年には東証がPBR1倍割れの企業に対し企業価値を高める取り組みや進捗の開示を要請し、株主アクティビストの活動は活発化している[3]。2023年の3月期決算企業の株主総会では、株主アクティビストなどから計340件を超える株主提案が約90社に出され、取締役選任や利益還元などに関して、賛成多数で可決される提案もあった[4]。近年においては、株主アクティビストの主張が洗練されてきており、国内外の機関投資家も支持することも多くなっている。

　米国バリューアクト・キャピタルが、2023年5月株主総会において、セブン＆アイ・ホールディングスの経営戦略に異を唱えて井阪隆一社長の再任に反対した結果、井阪社長の賛成比率が7割台にとどまった。このように経営トップの再任提案への影響も非常に大きくなっている。同年8月に、セブン＆アイ・ホールディングスが傘下のそごう・西武を米国投資ファンドのフォートレス・インベストメント・グループに売却した。これに対して、同社の労働組合は歴史的なストライキを決行するなど、ステークホルダーとの利害

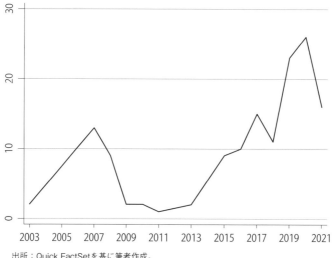

**図10-1　日本企業に対する株主アクティビズム件数の推移**

出所：Quick FactSetを基に筆者作成。

衝突も顕在化している。

　株主アクティビストは、経営のショートターミズムを招くのか、あるいは経営の効率化を進めていく原動力となり得るのか？　以下では、まず米国の議論を参考に株主アクティビストと経営者と株主間のエージェンシー問題の緩和について考察する。

# 2．株主アクティビズムの企業への影響

 **2-1 エージェンシー問題の緩和**

Berle and Means（1932）[5]によれば、株主が分散した上場企業では、個々の株主の持株比率が小さくなるため、株主が費用と時間をかけて企業全体の利益になるように権利を行使するインセンティブを持たない。株主が合理的無関心であることから、経営に対するモニタリングが十分に行われないため、経営者支配が成り立っていると指摘される。また、Jensen and Meckling（1976）[6]により、経営者と株主との間で利害対立するエージェンシー問題が存在することが示され、経営者は常に株主の利益を最大化するように行動するわけではなく、私的利益を優先するかもしれないことが実証された。

これに対し、近年 Bebchuk et al.（2017）[7]は、機関投資家による所有の再集中により合理的無関心の前提が当てはまらなくなったことを指摘した。

特に株主アクティビストは時間と費用をかけてスチュワードシップ活動を積極的に行うインセンティブが強く、株主と経営者の間のエージェンシー問題の緩和につながっている。エージェンシー問題が緩和できれば、企業パフォーマンの改善できるという論理である。この考え方をさらに発展させたものが、前章で述べた Board 3.0である。これは株主アクティビストなどプロの投資家を企業の社外取締役として招き、経営戦略の策定・遂行を監督させようとするものである。このような論理が実際にあてはまるのか。米国を中心としてアカデミアでは実証研究が進んでいる。米国の実証研究においては、アクティビストは企業パフォーマンスに正の影響を与え、日本では研究蓄積

がまだ少ないが、これまでの研究で見ると、総論としては企業パフォーマンスには負の影響、限定的に正の影響を示している。関連実証研究は下記がある。Denes et al.（2017）[8]、Clifford（2008）[9]、Brav et al.（2008）[10]、Bebchuk et al.（2015）[11]、田中・後藤（2020）[12]、Tai & Miwa（2023）[13]。

## 2-2　ショートターミズム

　エージェンシー問題緩和説とは対照的に、ヘッジファンド（金融派生商品など複数の金融商品に分散させ高い収益を得ることを目的としたファンド）の報酬構造は、スチュワードシップ活動を行うインセンティブになると同時に、ショートターミズム（近視眼的経営）を招いていると懸念する研究もある[14]。株主アクティビストは手厚い報酬を得るために、配当の増額、自己株式取得、資産の売却などを要求し、短期的には利益を上げていても、長期的には企業価値を毀損する可能性があるとの指摘もなされている[15]。長期的な投資としての研究開発費、資本的支出、市場開拓、新規事業を削減するよう圧力をかけるのではないかと特に懸念されている。

　このショートターミズム説と整合的な実証的研究として、Cremers et al.（2020）[16]は株主アクティビストによる介入後、標的企業のトービンのqが比較企業のそれよりも悪化すると指摘している。また同研究は、株主アクティビストによる介入後、標的企業による配当利回りに有意な変化が見られないが、自己株式取得比率の増加、現金等比率の減少、研究開発費比率の減少を示している。さらに近年のドイツ企業を対象とした研究もショートターミズムを支持している[17]。

　日本においては「アクティビスト相場『1年』説[18]」と呼ばれるストーリーがある。これは、アクティビストが投資を行うと当該企業のPBRは上昇するが、1年後には下落に転じるというものである。

# 3．日本における株主アクティビストの 要求と手法[19]

　現在、日本で投資活動を行っている株主アクティビストとしては、日本国籍の者が投資運用を行っているものと、外国籍の者が投資運用を行っているものがある。前者としては、村上ファンド、エフィッシモ、ストラテジックキャピタル、3D インベストメントなどが代表的である。後者としては、米国を拠点とするサード・ポイント、エリオット、バリューアクト・キャピタル、パーシング・スクエア、グリーンライト・キャピタル、ダルトン・インベストメント、香港を拠点とするオアシス、英国を拠点とするザ・チルドレンズ・インベストメント・ファンド（以下、TCI）、シルチェスターなどが著名である。

　**表10-1**は、2000年以降の日本企業を対象とした株主アクティビスト活動の主要な事例を示したものである。2000年代初期においては村上ファンドやスティール・パートナーズなどの敵対的 TOB（対象会社の取締役会の同意を得ないで買収を仕掛けること）を要求する活動が目立っていたが、近年においては自社株買い、配当増額、ノンコア事業のスピンオフに加えて社外取締役の選任提案なども目立つ。2023年には東証の PBR1倍割れ企業に対する改善要請もあり、ゼネコン各社の低 PBR を問題視した株主アクティビストの株主提案が相次いだ。

　株主アクティビストは対象会社に発行済株式の数％から場合によっては20％以上を保有し対象会社との対話を要求する。対話のきっかけとしてレターを送るケースや自社の HP で対象企業への要求を開示するケースもある。株主アクティビストの要求はシンプルであり、株価を高める施策を要求するのである。

| 表10-1 | | 日本における主なアクティビストの活動事例 | |
|---|---|---|---|
| 年 | アクティビスト | 対象企業 | 手法・主張 |
| 2000 | 村上ファンド | 昭栄 | 敵対的 TOB |
| 2002 | 村上ファンド東京スタイル | | 増配・自社株買いを株主提案 |
| 2003 | スティール・パートナーズ | ソトー | 敵対的 TOB |
| 2003 | スティール・パートナーズ | ユシロ化学 | 敵対的 TOB |
| 2005 | 村上ファンド | 阪神電鉄 | MBO を提案 |
| 2007 | スティール・パートナーズ | ブルドックソース | 敵対的 TOB |
| 2008 | TCI | 電源開発 | 大幅増配・自社株買い等の株主提案 |
| 2009 | エフィッシモ | 日産車体 | CMS への資金預託につき違法行為差止請求訴訟を提起 |
| 2013 | サード・ポイント | ソニー | エンターテイメント部門の分離上場を提案 |
| 2014 | 村上ファンド | アコーディア | 徹底した株主還元を提案・要求 |
| 2015 | エフィッシモ | セゾン情報システムズ | 敵対的 TOB |
| 2019 | ファー・ツリー | JR 九州 | 自社株買い、取締役候補者の推薦、指名委員会等設置会社への移行などを株主提案 |
| 2019 | サード・ポイント | ソニー | 半導体部門のスピン・オフを提案 |
| 2019 | オアシス | セブン＆アイ・ホールディング | イトーヨーカ堂（ノンコア事業）のスピン・オフ、ガバナンス体制の強化等を提案 |
| 2019 | キング・ストリート | 東芝 | 取締役の過半数入れ替え等を提案 |
| 2020 | 村上ファンド | レオパレス21 | 社外取締役派遣を議題とする臨時株主総会招集請求 |
| 2020 | エリオット | ソフトバンクグループ | 敵対的 TOB |
| 2020 | オアシス | 東京ドーム | 自社株買い、社外取締役の増員を提案 |
| 2021 | バリューアクト・キャピタル | セブン＆アイ・ホールディング | コンビニ事業への集中等を提案 |
| 2021 | オアシス | 東洋製罐グループホールディングス | TCFD に基づく計画開示の定款変更、自社株買い等を株主提案 |

| 2022 | 3D インベストメント | 富士ソフト<br>(第1回・第2回) | 第1回：社外取締役2名の選任、<br>第2回：社外取締役4名の選任 |
|---|---|---|---|
| 2022 | オアシス | フジテック<br>(第1回・第2回) | 第1回：代表取締役社長の取締役再任反対、愛2回：現任社外取締役6名解任と新任社外取締役6名の選任 |
| 2023 | バリューアクト・キャピタル | セブン＆アイ・ホールディング | イトーヨーカ堂（ノンコア事業）のスピン・オフを巡り井坂社長の再任議案に反対 |
| 2023 | シルチェスター | 大林組 | 12円の特別配当 |
| 2023 | ダルトン・インベストメント | 戸田建設 | 最大215億円の自社株買い |
| 2023 | オアシス | 熊谷組 | 自社株買い、住友林業との資本提携見直しに向けた委員会設置 |

出所：太田洋（2023）、pp.58-59を参考に筆者作成。

　対象会社が要求に応じて自主的にそのような施策を講じてくれれば、株主アクティビストとしてはそれ以上の行動をとる必要はないが、そうでない場合には、そのような施策を講じるように圧力をかける。対話で解決しない場合は株主提案に至る。これは、日本では3万株か発行済株式総数の1％以上の株式を6カ月以上保有していれば提出でき、株主総会招集通知に会社の費用で議案の内容や提案理由を記載してもらうこともできる制度であり、広く用いられる。

　積極的に株主に委任状を提出して貰うように働きかける委任状勧誘が行われる場合もある。これに対抗して会社側が株主提案に反対する委任状勧誘を行う場合には、委任状争奪戦（プロキシー・ファイト）となる。事例としては、2002年に村上ファンドが東京スタイルに対して増配や自社株買いの株主提案を行って委任状争奪戦となった事例や、2008年にTCIが電源開発（Jパワー）に対して自社株買いや大幅増配の株主提案を行って委任状争奪戦となった事例がある。3Dインベストメント 対 富士ソフト、オアシス 対 フジテック、バリューアクト 対 セブン＆アイ・ホールディングスにおいても委任状

争奪戦が繰り広げられた。その他の手法として、臨時株主総会招集請求、会計帳簿閲覧請求などの手法をとる場合もある。

さらに、仕手筋をはじめとする複数の投資家が、株式時価総額がそれほど大きくない中小の上場会社の株式を、主として市場内で短期間に協調しながら大量に買い上がり、対象会社の経営陣をその影響下に置いたり、場合によっては、臨時株主総会の招集請求や株主提案と委任状勧誘とを組み合わせて、対象会社の経営陣の入れ替えを図る事例が増えている。これらは日本版ウルフパック（複数のファンド等が暗黙裡に協調行動をとることで、対象会社に圧力を加え、増配や自社株買い、経営方針の変更等の要求を実現するM＆Aにおける手法の1つ）と呼ばれている。これについて、現状日本の大量保有報告規制の実効性の弱さという点、また株主間の水平的利益移転の問題が指摘されている[20]。

# 4. 株主アクティビストの
# ターゲット企業の傾向

東京証券取引所は、2023年3月末にPBRが低迷する上場企業に対して、改善策を開示・実行するよう要請した。東証株価指数（TOPIX）500でPBR1倍割れしている企業は40％以上（2022年7月時点）あり、日本企業の収益性や成長性が株式市場により評価されていないことを示している。東証の要請を契機として、日本企業をターゲットとしている株主アクティビストは、低PBR企業かつ資本コストを意識した経営を行っていない企業に注目している。以下株主アクティビストがターゲットにする企業の傾向をまとめた[21]。

①低 BPR 企業

PBR が 1 倍を割り込むということは、簿価ベースの純資産と株価を比べて、株価の方が低く、株式市場の価値がいわゆる企業の解散価値よりも低いことを意味する。PBR が 1 倍を割り込んでいる上場会社の中には、市場価値が手許現預金の額を下回っている会社があり、このような会社の株式を全部買い占めただけで直ちにそのために要した金額以上のキャッシュを獲得できることになる。

②無借金経営の会社など借入余力の大きい企業

このような企業は、LBO（レバレッジドバイアウト：M&A で買収対象となる会社［売り手企業］の信用力を担保に融資を受け、買収資金を調達する手法）が行いやすい。LBO が行いやすい会社は、高いレバレッジをかけたうえで経営の効率化を図ることで、相対的に高い投資リターンを実現しやすい。

③親子逆転上場

上場子会社の時価総額が親会社のそれを上回る場合、親会社がアクティビストのターゲットになりやすい。典型的な例としてニッポン放送とフジテレビの「親子逆転」が挙げられる。ニッポン放送はフジテレビの筆頭株主であるが、保有するフジテレビ株式の時価総額がニッポン放送自体の株式時価総額を上回る、という「親子逆転」の状態が続き、村上ファンドなどのターゲットとなった。

④コングロマリット・ディスカウント企業

コングロマリットとは、業種の異なる企業同士の合併や買収などによって発達した企業体を指す。コングロマリット・ディスカウントは、コングロマリットの企業価値が事業ごとに算出される理論的な企業価値よりも小さい状態をいう。その典型は、成熟事業を営んでいて成長力が余り高くない会社が、傘下に非常に成長力の高い優良な上場子会社を持っている場合や、成長の伸びしろが大きい事業を内部に抱えている場合である。特にリーマンショック後、米国系のアクティビストは複数の事業を

営む会社に対して低収益のスピンオフを迫るという手法を多用している。近年の日本においても、コングロマリット・ディスカウント企業が対象となるケースが増加している。

　低PBR企業と親子逆転上場企業がターゲットなるのは日本独特の現象であり、対象企業は投資家との丁寧な対話を行うこと、またコングロマリット・ディスカウントの対象となる企業は、自社の経営戦略について株主のみならず、他のステークホルダーに対して説得力のある説明を行う必要があろう。

# 5．世界の株主アクティビストの動向

　世界で株主アクティビストが最も活躍しているのが米国である。それは株式市場の時価総額の大きさと資産規模の大きい株主アクティビストの多くが米国と英国に拠点を置いているためである。本節では世界の主要な株主アクティビストとその活動を概観しよう。

　**表10-2**は、株式資産残高上位10の株主アクティビストを示したものである。1位のTCI、2位のPersing Square Capitalの拠点は英国、3位のCevian Capitalはスウェーデンであるが、それ以外はすべて米国を拠点としている。TCIの株式資産残高は約400億ドル（約6兆円）と突出している。日本でも有名なIcahn Associateは約100億ドル（約1.5兆円）、Trian Fund、Third Point、Value Actは、それぞれ70億ドル（約1.1兆円）強の株式残高を保有している。日本の独立系資産運用会社のレオスキャピタルの資産運用残高

表10-2 | 世界の株主アクティビストの株式資産残高

| Name | Key Individual（s） | Equity Assets<br>単位：100万ドル |
|---|---|---|
| TCI Fund Management Ltd. | Christopher Anthony Hohn, CFA, | 40,832 |
| Pershing Square Capital Management LP | William Albert Ackman, MBA | 17,007 |
| Cevian Capital AB | Christer Göran Harald Gardell | 15,331 |
| Icahn Associates Holding LLC | Carl Celian Icahn | 10,732 |
| GAMCO Asset Management, Inc. | Mario Joseph Gabelli, CFA, MBA | 9,560 |
| Trian Fund Management LP | Nelson Peltz | 7,260 |
| Third Point LLC | Daniel Seth Loeb | 7,179 |
| ValueAct Capital Management LP | Jeffrey Williams Ubben, MBA | 7,087 |
| City of London Investment Management Co. Ltd. | Barry Martin Olliff | 5,242 |
| Starboard Value LP | Jeffrey Chad Smith | 5,140 |

出所：QuickFactsetデータを基に筆者作成（2023年12月現在）。

1.3兆円、さわかみ投信の運用残高約4,000億円と比べると、世界の株主アクティビストの株式運用資産額の大きさが実感できる。日本企業は株式だけでこれだけの資産規模を持つ株主アクティビストからターゲットにされる可能性があるということである。彼らの主な要求は、企業価値を高める事業ポートフォリオや人材ポートフォリオの見直しである。そのために取締役候補者を推薦することを活発に行っている。

図10-2は、世界の株主アクティビスト上位50社の活動とその成果、特に取締役会の候補者を株主アクティビストが推薦する件数とその結果を示したものである。2014年から直近までの推移を見ると、株主アクティビストが取締役の候補者を推薦する件数は、近年若干減少しているが、期間を通じて250〜300件程度である。一方、株主アクティビストの候補者が取締役に選出される件数、委任状闘争で選出される件数は近年減少傾向にある。

これは米国企業が株主アクティビストに毅然と向き合ってきた結果と言える。経営トップと取締役会が自社の事業ポートフォリオや人材ポートフォリ

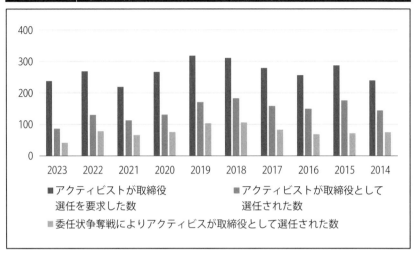

図10-2　世界の株主アクティビストの活動と成果（取締役会の候補者推薦）

■アクティビストが取締役
　選任を要求した数
■アクティビストが取締役として
　選任された数
■委任状争奪戦によりアクティビスが取締役として選任された数

出所：QuickFactsetデータを基に筆者作成。

オについて説得力のある説明をするなど、株主アクティビストやその他の機関投資家と丁寧なエンゲージメントを行うことで、米国では株主アクティビストが総会前に株主提案を取り下げるケースが多い。

# 6. 主要株主アクティビストの活動： バリューアクト

　本節では、個別の株主アクティビストファンドのバリューアクト・キャピタルに焦点を当て、特にオリンパスとセブン＆アイ・ホールディングスへの投資状況を概観する。

バリューアクト・キャピタル・マネジメントLP（以下、バリューアクト）は、カリフォルニア州サンフランシスコに本社を置く、登録投資顧問およびヘッジファンド・マネージャーである。同社はAffiliated Managers Group, Inc.（NYSE：AMG）が所有するValueAct Holdings II LPの子会社であり、2000年にジェフリー・ウッベン、ピーター・カミン、ジョージ・ハメルによって設立された。バリューアクトは、私募ファンドやその他の投資ビークルに投資一任アドバイスや運用サービスを提供している。

## 6-1　オリンパスへの投資

バリューアクトは、2018年にオリンパスに対して社外取締役、ロバート・ヘイルを推薦し、オリンパスはその提案を受け入れた。その発表と同時に株価は一時11％上昇した[22]。

JT元副社長で同社社外取締役の新貝康司は「議論が偏っている時に、『こちらも必要ではないか』と言ってくれる[23]」とバリューアウト出身の社外取締役を評価する。

一方で、市場はバリューアクトの動きに敏感である。**図10-3**は、バリューアクトのオリンパス株式保有数、同社の株価、バリューアクトの取得コストを示したものである。ロバート・ヘイルが社外取締役になった時には、すでに同社の発行済み株式総数の5％を超える7,000万株を保有していたが、2021年初頭に1,000万株を売却し、株価が大きく下落した。これに関しては「社外取締役まで出している同ファンドが売るからには、何か市場で知られていない材料があるのではないかとの思惑が膨らみやすい[24]」との指摘もあるように市場の情報の非対称性が増す可能性もある。

バリューアクトは2019年に約7,000万株を保有し、2021年に約1,000万株を売却、取得価格1,000円、売却株価を2,000円とするとキャピタルゲインは約100億円になる。さらに2021年末には残りの6,000万株を売却しており、売却株価を2,500円とするとキャピタルゲインは約900億円と推算できる。オリン

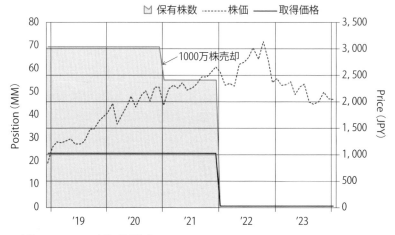

**図10-3　バリューアクトのオリンパス株式保有状況（2019年〜2023年）**

保有株数 ······ 株価 ─── 取得価格

1000万株売却

出所：Quick Factsetを基に筆者作成。

パスは2019年以降の構造改革や大幅な人員削減などが市場から評価された結果、株価は上昇しバリューアクトも1,000億円とのキャピタルゲインを得たことになる。

## 6-2　セブン＆アイ・ホールディングスへの投資

バリューアクトは、セブン＆アイ・ホールディングス（以下、セブン）への投資を2021年半ばより開始し、発行済み株式の1.89％に相当する1,676万株を保有していた。

バリューアクトはセブンに対し、中核のコンビニエンスストア事業に集中することを要求、またセブンが取り組むヨーカ堂の立て直しなどについても「現状の構造改革では不十分」とし、2023年3月に井阪社長ら取締役4人を除いた14人の選任案を提案し、井阪らの実質的な退任を求めた。2023年5月の株主総会では、セブンが会社提案していた井阪らの取締役選任案が可決された。井坂の取締役選任議案への支持率はは76.36％であった。

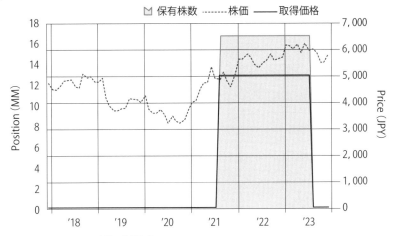

図10-4　バリューアクトのセブン＆アイ・ホールディングス株式保有状況（2019年〜2023年）

☐ 保有株数 ┈┈┈ 株価 ─── 取得価格

出所：Quick Factsetを基に筆者作成。

　セブンはその後9月、不採算だった百貨店子会社、そごう・西武の米投資ファンド、フォートレス・インベストメント・グループへの売却を決定した。これに対して雇用などの面から早期の売却に反発した労働組合が、大手デパートでは61年ぶりとなるストライキを行った[25]。バリューアクトの投資は2021年半ばから約2年間であるが、この間のキャピタルゲインは、一株当たり約1,000円、総計で約167.6億円と推算される（**図10-4**）。

　前述したようにバリューアクトの株式資産は約1.1兆円、運用資産は約1.6兆円と言われる。オリンパスとセブン＆アイ・ホールディングス投資からのキャピタルゲインの額を見ると、いかに彼らが日本株に注力しているかが分かる。

　オリンパスとセブン＆アイ・ホールディングスへのバリューアクトの投資について概観した。株主アクティビストは対話、社外取締役を送り込むなどという手法で企業の構造改革、事業、人材ポートフォリオの改革を提唱し、2から3年の期間で保有株式を売却し巨額のキャピタルゲインを得ている。日本企業の構造改革を促進するという意味では強力な推進力となり得る。一

方、オリンパスの事例で見られるように、ファンドが社外取締役を送り込むことで当該株主アクティビストと他の株主の情報の非対称性が増すことが懸念される。また、セブンの事例で見られるように株主と他のステークホルダーとの利害衝突が起こるという問題点もある。前者はインサイダー情報の問題をどう管理するか、後者は企業がステークホルダー経営をどのように捉えるか、という問題を提起している。

# 7．まとめ

　本章は、日本企業に対する株主アクティビズムの活発化に焦点を当てた。日本の株主アクティビズムは2000年代初めから活発化し、特に2007年のブルドックソース事件やその後の金融危機を契機に一旦沈静化したが、2015年頃から再び増加している。日本企業は内部留保が多く、PBR が低い企業が多いため、株主アクティビストのターゲットになりやすい状況にある。株主アクティビストは経営の効率化を進める原動力となりうる一方で、ショートターミズムを招くことも懸念されている。米国では事業、人的ポートフォリオの見直しが株主アクティビストの要求事項であり、中長期的な企業価値向上に結びつく一方で、日本の場合、これまでは内部留保の多さ、親子上場など日本特有の問題に焦点が当てられる傾向にあり、株主アクティビストの活動と企業業績の改善の関連性が見出し難い。また、株主アクティビストの活動は2から3年のタイムスパンでのキャピタルゲインを獲得することが目的であり、他の株主との情報の非対称性やステークホルダーとの利害対立をもたらす可能性もある。

(1) 米国投資ファンドのスティール・パートナーズが同社を買収しようとしたが、買収防衛策の導入で阻止された。スティール・パートナーズは買収防衛策（ポイズンピル）の発動に関して差し止め請求をしたが、裁判所はポイズンピルは有効と認めた。

(2) 東京証券取引所によると、2022年7月現在で米国（S&P500）でPBR1倍割れの企業が5％、欧州（STOXX600）で24％を占めていた。Tokyo Stock Exchange（2022, July 29）. Secretariat's Explanatory Material - The First Council of Experts Concerning the Follow-up of Market Restructuring. （https://www.jpx.co.jp/english/equities/improvements/follow-up/b 5 b 4 pj000004yqcc-att/b 5 b 4 pj0000051c57.pdf）

(3) 2023年2月22日、旧村上ファンド系のシティインデックスイレブンスがコスモエネルギーホールディングスに向けて公表した資料では、東証のPBR1倍割れの企業に対する要請を引き合いに出し、PBR1倍以上の株価を実現することを迫った。

(4) 日本経済新聞「「株主選び」が企業価値を高める」、2023年7月23日。

(5) Berle, Adolf A., and Gardiner C. Means.（1932）.

(6) Jensen, M. C.（1986）, Jensen, M. C., and Meckling, W. H.（1976）.

(7) Bebchuk, L. A., Cohen, A., and Hirst, S.（2017）.

(8) Denes, M. R., Karpoff, J. M., and McWilliams, V. B.（2017）.

(9) Clifford, C. P.（2008）.

(10) Brav, A., Jiang, W., Partnoy, F., and Thomas, R.（2008a）.

(11) Bebchuk, L. A., Brav, A., and Jiang, W.（2015）.

(12) 田中亘・後藤元（2020）。

(13) Tai & Miwa（2023）.

(14) Coffee Jr, J. C., Palia, D.（2016）.

(15) Lipton, M., and Rosenblum, S. A.（1991）.

(16) Cremers et al.（2020）は、PSM：傾向スコア・マッチング法（Propensity Score Matching：PSM）で比較企業を選定している。Cremers, M., Giambona, E., Sepe, S. M., and Wang, Y.（2020）.

(17) Bessler, W., and Vendrasco, M.（2022）.

(18) 日本経済新聞「アクティビスト相場『1年説』」、2023年5月30日。

(19) 本節の内容は、太田洋（2023）を参考にした。

(20) 三和裕美子・山田剛志（2022）。

（21）太田洋（2023）、pp.102-110。

（22）天野高志・谷口崇子「オリンパス、『物言う株主』バリューアクトから取締役受け入れへ」、Bloomberg、2019年1月11日。

（23）日経ビジネス「『バリューアクトはアクティビストでない』オリンパス社外取の証言」、2023年4月25日。

（24）日本経済新聞「〈東証〉オリンパスが7％安　大株主のバリューアクトが保有株売りで思惑」2021年1月13日。

（25）天野高志・谷口崇子、前掲サイト。

# おわりに

　筆者は1988年3月に大学を卒業し、1988年から1991年まで大手証券会社に勤務した。時はバブル景気真っただ中。1989年12月29日に日経平均株価は史上最高値である38,957.44円に達するという中で、株式や投資信託の個人顧客向けの営業業務を行っていた。大学で株式会社制度、金融、証券の仕組みを学んでいなかった筆者にとって、実社会で初めて知る企業と個人株主との関係は驚くことばかりであった。当時はNTT株式の売り出しもあり、個人投資家は我も我もと株式市場に参入した。個人投資家たちは、自分が投資する企業がどのような会社で、誰が経営者なのか、どのような理念で起業したのかなどについてはまったく関心がなく、ただキャピタルゲインを狙って投資を行っていた。

　このような投機の場としての株式市場を目の当たりにして、「株式会社とはなにか」、「株主とはなにか」が筆者の問題意識につながった。個人投資家がこのように投資先企業に無関心な中、当時の日本は「法人資本主義[1]」と呼ばれ、銀行や生命保険会社、事業法人などの大株主も「モノ言わない」サイレントパートナーであった。では誰が株式会社をチェックするのだろうか。まさにこれはコーポレートガバナンスの問題である。このような問題意識のもと、大学院で、米国では機関投資家がコーポレートガバナンスに関与していることを学び、「機関投資家とコーポレートガバナンス」を研究テーマとした。

　本書は、投資家資本主義時代における機関投資家の実態を明らかにした。ユニバーサルオーナーと呼ばれる広く分散した銘柄を持つ投資家、またそれとは対照的に少数の銘柄に集中投資をし、比較的短期で売り抜ける株主アク

ティビスト、さらに超高速取引で売買を繰り返す投資家など、証券市場には様々な機関投資家が存在する。このような投資家資本主義のもと、本書のタイトルにある「未来」を考えてみたい。

ジョン・ケイは、著書『金融に未来はあるか』において下記のように述べる[2]。

「企業の資金調達源としての株式市場の重要性が薄れるのと時を同じくして、そうした市場でのトレーディング規模が大幅に拡大した金融業界は規模も報酬も膨らみ、財界と経済の中で次第に中心的な役割を占めるようになった。ところがその過程で、金融の基本的な目的と、非金融経済のニーズからどんどんかけ離れていった。（中略、しかし（筆者加筆））我々は金融を必要としている。それは決済を円滑にし、我々の生涯にわたる消費と資産の管理を可能にし、資本を、最も必要とされ、最も有効に使われる場所に配分し、日々の暮らしにつきまとうリスクを和らげるべく、企業と家計の手伝いをする」

ジョン・ケイが指摘するように、現代の株式市場は資金調達の場よりも流通市場における取引の役割が大きくなり、金融の目的と実体経済のニーズに乖離が生じている。2008年のリーマンショック後、金融セクターは厳しい批判を受けてきた。米国の経済学者ロバート・シラーは

「金融は、最高の場合には、単にリスクを管理するだけでなく、社会の資産の管理保全者として機能し、社会の最も深い目標を支援する存在となる。（中略）金融の便益を最も必要とされる社会の隅々にまで広げるのだ。これは新世代にとっての課題だ[3]」

と述べる。

その鍵となるのはユニバーサルオーナーと個人の最終受益者である。すなわち株主が能動的に企業と社会、地球環境の変革を促進する主体として関与

することが今後の金融にとって重要なことであり、これがパッシブ投資家の新たな役割である。

　フランスの哲学者ジャン＝ポール・サルトルの「アンガージュマン」思想は、個人が社会的・政治的な状況や変革に対しても責任を持つべきであり、個人の行動や選択によって社会変革を促進することができると説いた。この考え方に影響を受けたベトナムの禅僧であり平和活動家であるティク・ナット・ハンは Engaged Buddhism（行動する仏教）を提唱し、ベトナム戦争時に、非暴力と共感を強調し、仏教の教えを社会的な変革に応用する方法を提案した。現在では Engaged Buddhism は、平和、人権、環境保護など、様々な社会的課題に対して適用されている[4]。

　このような考え方が機関投資家特にユニバーサルオーナーと企業のエンゲージメントにも適用できるのではないだろうか。株式投資家は企業に投資を行うことで企業自体そして社会や地球環境をよりよい方向に変えていくことができる存在である。個人が社会変革に対して責任を持ち、資産運用会社を通じて、間接的に影響を及ぼす。このインベストメントチェーンがうまく機能することで、個人の資産運用会社への信頼が構築され、社会がより良い方向へ向かうという未来を描きつつ筆を擱く。

　最後に、本書の執筆にあたり忍耐強く多大なご協力とご支援を頂きました千倉書房の岩澤孝氏に厚く御礼を申し上げる。また、筆者の研究人生においてご縁を頂いたすべての皆様に感謝を申し上げる。本書を家族、今は亡き父と岐阜に住む母に感謝の気持ちを込めて捧げたい。

2024年1月

三和裕美子

(1) 奥村宏（1975）。
(2) ジョン・ケイ（2017）、pp. ii -iii。
(3) ロバート・シラー（2012）、p.20。
(4) 鈴木（1969）。

# 参考文献

---

ADV Ratings (2020). World's top 10 investment banks 2020, Retrieved March 26, 2020. (https://www.advratings.com/banking/top-investment-banks)

Arvidson, M., Fergus Lyon, Stephen McKay,Domenico Moro (2010). Ambitions and challenges of SROI, *Third Sector Research Center Working Paper* 29, University of Bimminham.

Backer, Larry (2007). "Economic Globalization and the Rise of Efficient Systems of Global Private Lawmaking: Wal-Mart as Global Legislator", *University of Connecticut Law Review*, Vol.39, No.4.

Barnard, Catherine and Bob Hepple (2000), "Substantive equality", *The Cambridge Law Journal*, Vol.59, Issue 3, p.562.

Bauer R, G. Clark and M. Viehs (2013). "The Geography of Shareholder Engagement: Evidence from a Large British Institutional Investor", *Working paper*, Available at SSRN.

Bebbington, J, Rob Gray, R., C. Hibbit, C., Elizabeth Kirk (2001). *Full cost accounting: An agenda for action*, Certified Accountants Educational Trust.

Bebchuk, L. A., Brav, A., and Jiang, W. (2015). The Long-Term Effects of Hedge Fund Activism, *Columbia Law Review*, Vol.115, No.5, pp.1085-1155.

Bebchuk, L. A., Cohen, A., and Hirst, S. (2017). The Agency Problems of Institutional Investors, *The Journal of Economic Perspectives*, Vol.31, No.3, pp.89-102.

Berle, A. Adolf (1931). "Corporate Powers as Powers in Trust", *Harv. L. Rev*, 41, 1049.

Berle, A. Adolf (1954). *The Century Capitalist Revolution.* (桜井信行訳『20世紀資本革命』東洋経済新報社, 1956年)

Berle, A. Adolf and Gardiner C. Means (1932). *The Modern Corporation and Private Property*, New Jersey: Transction Publishers,1991. (北島忠男訳『近代株式会社と私有財産』分雅堂銀行会社, 1959年)

Bessler, W., and Vendrasco, M. (2022). Corporate control and shareholder activism in Germany: An empirical analysis of hedge fund strategies, *International Review of Financial Analysis*, No.83.

Black Rock (2014). *Who owns the assets?*, Retrieved March 10, 2020. (https://www.blackrock.com/corporate/insights/public-policy/viewpoints-letters-consultations)

Boardman, E.A., David H. Greenberg, Aidan R. Vining, David L. Weimer (2017). *Cost-benefit analysis Concepts and Practice 4$^{th}$ ed.*, Cambridge University Press.

Boyson, N. M., and Mooradian, R. M. (2011). Corporate governance and hedge fund activism.

*Review of Derivatives Research,* Vol.14, No.2, pp.169-204.

Bratton, William. And Michael L. Wachter (2010). "The Case Against Shareholder Empowerment", *University of Pennsylvania Law Review,* Vol.158, No.3 (February 2010), pp.653-728.

Brav, A., Jiang, W., Partnoy, F., and Thomas, R. (2008a). "The Returns to Hedge Fund Activism", *Financial Analysts Journal,* Vol.64, 2008-Issue 6, pp.45-61.

Brav, A., Jiang, W., Partnoy, F., and Thomas, R. (2008b). Hedge fund activism, corporate governance, and firm performance, *The Journal of Finance,* Vol.63, No.4, pp.1729-1775.

Brav, A., Jiang, W., Partnoy, F., and Li, R. (2021). Governance by Persuasion: Hedge Fund Activism and Market-based Shareholder Influence, *Working Paper,* Available at SSRN.

Cambridge Sustainable Finance Course Material (2021). *University of Cambridge University Institute for Sustainability Leadership.*

Chambers, David and Dimson, Elroy and Ilmanen, Antti S., The Norway Model (2012). "The Norway Model", *Journal of Portfolio Management,* Vol.38, No.2, pp.67-81.

Charlotte, R. (2022). The Contribution of Impact Management Project for Invesors' Impact Reporting, *Dessertation at Universidade Católica Portuguesa.*

Clifford, Christopher P (2008). "Value Creation or Destruction? Hedge Funds as Shareholder Activists", *Journal of Corporate Finance,* Vol.14, Issue 4, pp.323-336.

Coarse, Ronald (1937). "The nature of the firm", *Econometrica,* 4, pp.386-405.

Coffee Jr, J. C., Palia, D. (2016). The wolf at the door: the impact of hedge fund activism on corporate governance, *Annals of Corporate Governance,* Vol.1, No.1, pp.1-94.

Coumarianos, J. and Norton, L. P. (2020). BlackRock passes a milestone, with $7 trillion in assets under management, Retrieved March 16, 2020. (https://www.barrons.com/articles/blackrock-earnings-assets-under-management-7-trillion-51579116426)

Cremers, M., Giambona, E., Sepe, S. M., and Wang, Y. (2020). Hedge fund activism and long-term firm value, *Working Paper,* Available at SSRN.

Davis, Gerald F. (2005a). "New Directions in Corporate Governance", *Annual Review of Sociolog*y, Vol.31, pp.143-162.

Davis, Gerald F. et al. (2005b). *Social Movements and Organization Th*eory, Cambridge University Press.

Del Guercio, D., Hawkins, J. (1998). "The motivation and impact of pension fund activism", *Journal of Financial Economics,* 52, pp.293-340.

Denes, M. R., Karpoff, J. M., and McWilliams, V. B. (2017). Thirty years of shareholder activism: A survey of empirical research, *Journal of Corporate Finance,* No.44, pp.405-424.

Dimson E, O. Karakas and X. Li (2012). "Active Ownership", *Working paper,* Available at SSRN.

Dionysia Katelouzou and Alice Klettner (2020). "Sustainable Finance and Stewardship

Unlocking Stewardship's Sustainability Potential", *European Corporate Governance Institute-Law Working Paper*, No.521.

Dodd, E. M. (1948). "The Evolution of Limited Liability in American Industry: Massachusetts", *Harvard Law Review*, Vol.LXI, Sep.

Drucker, Peter (1976). *Unseen Revolution*, Harper Business. (佐々木実智男・上田惇生訳『見えざる革命』ダイヤモンド社, 1976年)

Easterbrook and Fischel (1996). *The Economic Structure of Corporate Law*, Harvard University Press.

Ellyatt, H. and Bishop, K. (2018, January 23). The world's biggest sovereign wealth funds in 2017, *CNBC*, Retrieved March 10, 2020. (https://www.cnbc.com/2015/07/17/the-worlds-biggest-sovereign-wealth-funds.html)

Emerson, Frank D. and Franklin C. Latcham (1954). *Shareholder Democracy: A broader Outlook for Corporations*. Cleveland, The Press of Western Reserve University.

European Securities and Markets Authority (2019). *Report on CRA market share calculation* (ESMA33-9-340), Paris: European Securities and Markets Authority.

Eurosif (2013). "Shareholder Stewardship: European ESG Engagement Practice 2013", *Working paper*, Available at SSRN.

Fama, E. F. (1970). Efficient capital markets: A review of theory and empirical work, *The journal of Finance*, 25 (2), pp.383-417.

Fama, Eugene, and Michael Jensen (1983a). "Separation of ownership and control", *Journal of Law and Economics*, 26, pp.301-325.

Fama, Eugene, and Michael Jensen (1983b). "Agency Problems and residuals claims", *Journal of Law and Economics*, 26, pp.327-349.

Fawthrop, A. (2019). Largest banks in the world by assets: The top ten institutions ranked, Retrieved March 16, 2020. (https://www.nsbanking.com/analysis/largest-banks-world-assets/)

Frank H. Easterbrook and Daniel R. (1991), *The Economic Structure of Corporate Law*, Harvard University Press.

French National Assembly (2019, October 2). *RAPPORT D'INFORMATION* (INFORMATION REPORT). (https://www.assemblee-nationale.fr/dyn/15/rapports/cion_fin/l15b2287_rapport-information.)

Friede, G., T. Busch and A. Bassen (2015). "ESG and Financial Performance: aggregated evidence from more than 2000 empirical studies", *Journal of Sustainable Finance & Investment*, Vol.5, No.4, pp.210-233.

Galbraith, K. John (1994). *A Short History of Financial Euphoria*, Whittle Books in Associate with Penguin Books.

George, W. W. (2002). "Imbalance of Power", *Harvard Business Review*, July, pp.22-23.

Gerald, F. David (2006). *Managed by the Market-How Finance Reshaped America-*, Oxford University Press.

Gerald, F. David and Suzzane K. Stou t (1992). "Organization Theory and the Market for Corporate Control: A Dynamic Analysis of the Characteristics of Large Takeover Targets, 1980-1990", *Administrative Science Quarterly*, Vol.37, No.4.

Gillan, L. and Starks Laura T. (2007). "The Evolution of Shareholder Activism in the United States", Availale at SSRN.

Gilson, J. Ronald and Jeffery N. Gordon (2013). "The Agency Costs of Agency Capitalism: Activist Investors and the Revaluation of Governance Rights", *The Center for Law and Economic Studies Columbia University School of Law, Working Paper*, No.438, pp.863-923.

Gilson, J. Ronald and Jeffrey N. Gordon (2019). "Board 3.0-An Introduction", *The Business Lawyer*, Vol.74, pp.350-366.

Gospel, Howard, Andrew Pendleton, and Sigurt Vitols (2014). *Financialization, New Investment Funds, and Labor Outcomes: An international Comparison*, Oxford.

Goyer, Michel (2011) *Contingent Capital-Shorter-term Investors and the Evolution of Corporate Governance in France and Germany,* Oxford.

GSIA (2012). "2012 Global Sustainable Investment Review", white paper.

GSIA (2020). "*GLOBAL SUSTAINABLE INVESTMENT REVIEW 2020.* (https://www.gsi-alliance.org/wp-content/uploads/2021/08/GSIR-20201.pdf)

GSIA (2022). "Global Sustainable Investment Review 2022". (https://www.gsi-alliance.org/wp-content/uploads/2023/12/GSIA-Report-2022.pdf)

Greenwood, Robin and Michale Shcor (2009). "Investor Activism and Takeovers", *Journal of Financial Economics*, Vol.92, Issue 3, pp.362-375.

Guercio D. D. and J. Hawkins (1999). "The motivation and impact of pension fund activism", *Journal of Financial Economics*, Vol.52, Issue 3, pp.293-340.

Gulati, Ranjay and James D.Westphal (1999). "Cooperative or Controlling? The Effects of CEO-Board Relations and the Content of Interlocks on the Formation of Joint Ventures", *Administrative Science Quarterly*, Vol.44, No.3.

Hess, David (2007). "Public Pensions and the Promise of Shareholder Activism for the Next Frontier of Corporate Governance: Sustainable Economic Development", Ross School of Business Working Paper Series Working Paper, No.1080.

Houser, Kimberly and Jamillah B. Williams (2021). "BOARD GENDER DIVERSITY: A PATH TO ACHIEVING SUBSTANTIVE EQUALITY IN THE U.S." *William & Mary Law Review*, Vol.63.

Insurance Information Institute (2019). *2019 Insurance Fact Book*, New York: Insurance Information Institute.

Jensen, M. C. (1986). Agency costs of free cash flow, corporate finance, and takeovers. *The American Economic Review*, Vol.76, No.2, pp.323 329.

Jensen, M. C. and William, H. M. (1976). "The Theory of the Firm: Managerial Behavior, Agency Costs and Ownership Structure", *Journal of Financial Economics*, 3, pp.305-360.

Jensen, Michael M. C. (1988). "Takeovers: Their Causes and Consequences", *Journal of Economic Perspectives*, 2(1), pp.21-48.

Johnson, Kristin et al. (2016). Diversifying to Mitigate Risk: Can Dodd-Frank Section 342 Help the Financial Sector?, 73 *Wash. & Lee L., REV.* 1795.

John A. McLaughlin, J. A. and J Gretchen B. Jordan (1999). Logic Models: A Tool for Telling Your Program's Performance Story, *Evaluation and Program Plannning*, 22（1）, pp.65-72.

John Kenneth Galbraith (1994). *A Short History of Financial Euphoria*, Penguin Business.（鈴木哲太郎訳『新版バブルの物語』ダイヤモンド社，2008年）

Kahan, Marcel and Edward B. Rock (2007). "Hedge Funds in Corporate Governance and Corporate Control", *University of Pennsylvania Law Review*, Vol.155, No.5, pp.1021-1093.

Karpoff, J. (2001). "The Impact of Shareholder Activism on Target Companies: A Survey of Empirical Findings", *University of Washington working paper*.

Katelouzou, D. and Klettner, A. (2022). *Sustainable Finacne and Stewardship-Unlocking Stewardship's Sustainability Potantial*, in Kaleozou, Dionysia and Dan W. Puchnick (ed), Global Shareholder Stewardship, Cambridge UP.

Kenton, W. (2020). Broker-dealer, *Investopedia*, Retrieved March 16, 2020.（https://www.investopedia.com/terms/b/broker-dealer.asp）

Krishna, M. (2017). 5 largest sovereign wealth funds, *Investopedia*, Retrieved March 17, 2020.（https://www.investopedia.com/news/5-largest-sovereign-wealth-funds/）

Lazard Asset Management (2022). *Lazard's Review of Shareholder Activism 2022*.（https://www.lazard.com/research-insights/lazard-s-review-of-shareholder-activism-2022/）

Legal and General (2022). *Active Ownership Report 2022*.（https://www.lgim.com/landg-assets/lgim/_document-library/capabilities/active-ownership/active-ownership-report-2022.pdf）

Lichtenberg, F. and Puchner, G. (1994). "Ownership Structure and Corporate Performance in Japan", *Japan and the World Economy*, Vol. 6, Issue 3, pp.239-261.

Lipton, M., and Rosenblum, S. A. (1991). A new system of corporate governance: The quinquennial election of directors, *The University of Chicago Law Review*, Vol.58, No.1, pp.187-253.

Mackinno, Catharine A. (2011). "Substantive equality: A perspective", *Minnesota Law Review*, 96.

Milles, C. Wright (1956). *Power Elite*, Oxford Press.（鵜飼信成・綿貫譲治訳『パワー・エリート［上・下］』東京大学出版会，1958年）

Mann, G. Henry（1965）. "Mergers and the Market for Corporate Control", *Journal of Political Economy*, LXXIII.

Maier, Florentine Maier, Christian Schober, Ruth Simsa ,Reinhard Millner（2015）. SROI as a Method for Evaluation Research Understanding Metrics and Limitations, *International Journal of Voluntary and Nonprofit Organizations* Vol.26, pp.1805-1830.

Markoeitz, Harry（1952）. "Portfolio Selection", *The Journal of Finance*, vol.7, No.1, pp.77-91.

Marris, Robin（1964）. *The Economic Theory of 'Managirial' Capitalism.*（大川勉他訳『経営者資本主義の経済理論』東洋経済新報社, 1971年）

Mason, S. Edward ed.（1959）. *The Corporation in Modern Society*, Massachusetts, Harvard University Press.

Matteo, Tonello（2006）. Revisiting Stock Market Short-Termism, *Conference Board Research Report.*

Minsky, P. Hyman （2008）. *Stabilising an Unstable Economy*, MacGrow Hill.

Monks, R. A. and Minow, N.（2004）. *Corporate Governance Third*, Oxford: Blackwell Publishing Ltd.

Nelson, James（2006）. The CalPERS Effect Revisited Again, *Journal of Corporate Finance*, 12, pp.187-213.

Nesbitt, Stephen（1994）. "Long Term Rewards from Shareholder Activism: A study of the CalPERS Effect", *Journal of Applied Corporate Finance*, 6, pp.75-80.

Norway（2022）. *Responsible investment Government Pension Fund Global 2022.*（https://www.nbim.no/contentassets/5804b35ea1e24063a79fca44a945e390/gpfg-responsible-investment-2022.pdf）

O'Connor, A.（2003）. "The Enron Board: The Perils of Groupthink, *University of Cincinnati Law Review*, Vol.71, pp.1223-1238.

Ortiz-de-Mandojana, N. and P. Bansal（2016）. "The long-term benefits of organizational resilience through sustainable business practices", *Strategic Management Journal*, 37（8）, pp.1615-1631.

Palme, Donald and Brad M. Barber（2001）. "Challengers, Elites, and Owning Families: A Social Class Theory of Corporate Acquisitions in the 1960s", *Administrative Science Quarterly*, Vol.46, No.1.

Peterson, A. Robert et al.（2019）. "Effect of Nationality, Gender, and Religiosity on Business-Related Ethicality", *Journal of Business Ethics*, Vol.96, No.4, pp.573-587.

Phillips, W. Katherine（2014）. "How Diversity Makes Us Smarter", *SCIENTIFIC AMERICAN*（Oct.）.（https://www.scientificamerican.com/article/how-diversity-makes-us-smarter/）

P&I Research Center（n.d.）. Consultants-Worldwide advisory assets, Retrieved March 26, 2020.（https://researchcenter.pionline.com/v3/rankings/consultant/specialreports/aua）

Post, C. and Byron, K. (2015). "Women on boards and firm financial performance: A meta-analysis, *Academy of Management Journal*, 58 (5), pp.1546-1571.

Pound, J. (2019, December 24). Global stock markets gained $17 trillion in value in 2019, *CNBC*, Retrieved March 10, 2020. (https://www.cnbc.com/2019/12/24/global-stock-markets-gained-17-trillion-in-value-in-2019.html)

Quigley, Ellen (2019). Universal Ownership in the Anthropocene. (https://papers.ssrn.com/sol3/papers.cfm?abstract_id=3457205)

Tai, Qingyi and Yumiko Miwa (2023). "The Impact of Shareholder Activism on the Long-Term Performance of Firms in Japan", *Working Paper*, Available at SSRN.

Raj, Thamotheram (2006). "A Critical Perspective on Activism: Views from a Pension Professional", *Responsible Investment*, p.295.

Roe, Mark (1994). *Strong Managers, Weak Owners: The Political Roots of American Corporate Finance*, Princeton University Press. (北條裕雄・松尾順介監訳『アメリカの企業統治（コーポレート・ガバナンス）―なぜ経営者は強くなったか―』東洋経済新報社, 1996年)

Romano, Roberta (2001). "Less is more Less Is More: Making Shareholder Activism a Valued Mechanism of Corporate Governance", Yale Law & Economics Research Paper, No.241; and Yale ICF Working Paper, No.00-10; *Yale SOM Working Paper*, No. ICF, pp.00-10.

Serafeim, George and Katie Trinh (2020). "A Framework for Product Impact-Weighted Accounts", *Harvard Business School Working Pape*r, 20-076. (https://www.hbs.edu/impact-weighted-accounts/Documents/Preliminary-Framework- for-Product-Impact-Weighted-Accounts.pdf)

Shleifer, A. and Vishny R.W. (1997). "A Survey of Corporate Governance", *Journal of Finance*, 52, pp.737-783.

Shille, A. (2003). *The New Financial Order*, Princeton, NJ: Princeton University Press.

Smith, M. (1996). Shareholder Activism by Institutional Investors: Evidence from CalPERS, *Journal of Finance*, 51, pp.227-252.

Statista.com. (2019). Largest asset management companies worldwide as of March 2019, by managed assets, Retrieved March 16, 2020. (https://www.statista.com/statistics/431790/leading-asset-management-companies-worldwide-by-assets/)

Stefanova, K., Teten, D. and Beardsley, B. (2016). Asset managers, prepare to have your business disrupted. Retrieved March 10, 2020. (https://www.institutionalinvestor.com/article/b14z9qb69zjl6c/asset-managers-prepare-to-have-your-business-disrupted)

Sustainable Insight Capital Management (2016). Who are the ESG rating agencies?, Retrieved March 26, 2020. (https://www.sicm.com/docs/who-rates.pdf)

Sustainable Value Investors (2019). Credit rating agencies join battle for ESG supremacy, Retrieved March 26, 2020. (http://en.sustainablevalueinvestors.com/2019/09/17/credit-ratingagencies-join-battle-for-esg-supremacy／）

The Food System Impact Valuation Initiative（Food SIVI）（2020）. *Valuing the impact of food: Towards practical and comparable monetary valuation of food system impacts.*

Urwin, R.（2011）. "Pension Funds as Universal Owners: Opportunities Beckons and Leadership Calls", *Rotman International Journal of Pension Management,* 4(1), pp.26-34.

Useem, Micael（1996）. *Investor Capitalism: How Money Managers are Changing the Face of Corporate America,* Basic Books.

Wall Street Prep（n.d.）. Bloomberg vs. Capital IQ vs. FactSet vs. Thomson Reuters Eikon, Retrieved March 10, 2020.（https://www.wallstreetprep.com/knowledge/bloomberg-vs-capital-iq-vs-factset-vs-thomson-reuters-eikon／）

Wahal, S.（1996）. Pension Fund Activism and Firm Performance, *Journal of Financial and Quantitative Analysis,* 31, pp.1-23.

Whelan, Tensie, Ulrich Atz, Tracy Van Holt and Casey Clark（2021）. "ESG AND FINANCIAL PERFORMANCE: Uncovering the Relationship by Aggregating Evidence from 1,000 Plus Studies Published between 2015-2020, NYU STERN Center for Sustainable Business and ROCKEFELLER Asset Management.（https://www.stern.nyu.edu/sites/default/files/assets/documents/NYU-RAM_ESG- Paper_2021%20Rev_0.pdf）

Wiley, Carolyn and Mireia Monllor-Tormos（2018）. "Board Gender Diversity in the STEM & F Sectors: The Critical Mass Required to Drive Firm Performance", *Journal of Leadership & Organizational Studies,* Vol.25, Issue 3, p.290.

Winter, J. W.（2011）. "Shareholder Engagement and Stewardship: The Realities and Illusion of Institutional Share Ownership", Available at SSRN.


伊藤和憲（2016）「統合報告書に基づく価値創造プロセスの比較研究」『専修商学論集』, Vol.103, p.33。

伊藤和憲（2021）『価値共創のための統合報告―情報開示から情報利用へ』同文舘出版, pp.11-12。

上野千鶴子（2017）「「202030」は何のためか？」特集 202030は可能か―「女性活躍推進法」の実効性を問う―」『学術の動向』, p.100。

上村達男（2021）「東芝調査報告書と企業社会の危機」『世界』, pp.223-224。

内山哲彦（2015）「経営管理からみた統合報告の役割と課題」『青山アカウンティング・レビュー』, Vol.5, No.5, pp.42-46。

エイミー・ドミニ（2002）『社会的責任投資』木鐸社刊。

遠藤直哉（2012）『ソフトローによる社会改革』（幻冬舎）。

大垣尚司（2010）『金融と法』有斐閣。

太田洋（2023）『敵対的買収とアクティビスト』岩波新書。

大塚久雄（1969）『大塚久雄著作集　第一巻　株式会社発生史論』岩波書店。

大村敬一（2010）『ファイナンス論―入門から応用まで』有斐閣。

奥村宏（1975）『法人資本主義の構造 日本の株式所有』日本評論社。

小原擁（2021）「日本が『ファンドの遊び場』」に　東芝問題で露呈、法制度の不備」『日経ビジネス』、2021年5月17日。

姜理恵・三和裕美子・岩田宜子編（2022）『激動の資本市場を生き抜いた女たち』白桃書房。

金融庁（2023）「高速取引行為の動向について」（https://www.fsa.go.jp/news/r2/sonota/20210630/HFT.pdf）

境睦（2019）『グラフィック経営財務』新世社。

ジョン・ケイ（2017）『金融に未来はあるか』ダイヤモンド社。

ジョン・ルコムニク，ジェームズ・P・ホーリー（2022）『「良い投資」とβアクティビズム』日経BP日本経済新聞出版。

鈴木道彦（1969）『アンガージュマンの思想』晶文社。

関野麗於直・今村敏之・三和裕美子（2024）「インパクトマネジメントに関する試論―経営戦略における統合的ロジックモデルの活用に向けて―」『ディスクロージャー＆IR』，Vol.27, pp.69-78.

高田太久吉（2009）『金融恐慌を読み解く』新日本出版社。

武井一浩・石崎泰哲（2016）「上場企業法制における企業の中長期的利益とショートターミズムとの調整（上）」『商事法務』，No.2097, pp.21-46。

田中亘・後藤元（2020）「日本におけるアクティビズムの長期的影響」『JSDA キャピタルマーケットフォーラム（第2期）論文集』，pp.115-161。

谷本寛治（2003）『SRI 社会的責任投資入門：市場が企業に迫る新たな規律』日本経済新聞出版社。

ディアーク・シューメイカー，ウィアラム・シュローモーダ（2020）加藤晃監訳『サステナブルファイナンス原論』金融財政事情研究会。

中東正文（2022）「敵対的買収防衛策の動向とコーポレートガバナンス」『月刊監査役』，No.729, pp.58-70。

中村信男・田中庸介（2008）「イギリス2006年会社法（2）」『比較法学』第41巻，第3号，pp.189-233。

西崎健司・倉澤資成（2003）「株式保有構成と企業価値―コーポレート・ガバナンスに関する一考察―」『金融研究』，6月号，pp.161-199。

日本経済団体連合会（2017）『企業行動憲章の改定にあたって～Society 5.0の実現を通じたSDGs（持続可能な開発目標）の達成～』（https://www.keidanren.or.jp/policy/cgcb/charter2017.html）（取得日2023年8月）。

野村アセットマネジメント会社（2022）「責任投資レポート2022」（https://www.nomura-am.co.jp/special/esg/library/ri-report.html）。

バーリ，A.A（1956）桜井信行訳『20世紀資本主義革命』東洋経済新報社。

藤田勉（2013）「世界の証券取引所改革と日本への示唆」『月刊資本市場』，No.329。

マーヴィン・キング（2019）『SDGs・ESG を導く CVO』東洋経済新報社，p.54。

マルティン・ヒルブズ著・会社役員育成機構監訳（2012）『戦略経営マニュアル』レクシスネクシス・ジャパン。

みずほリサーチ（2008）「世界の証券取引所再編の動向」、2008年 March.（https://www.mizuhort.co.jp/publication/mhri/research/pdf/research/r080301finance.pdf）

光定洋介（2006）「海外のアクティビズムと日本への示唆―経営者と投資家の対話がより重要に―」『証券アナリストジャーナル』2006年12月号。

水口剛（2013）『責任ある投資：資金の流れで未来を変える』岩波書店。

水口剛（2017）『ESG 投資：新しい資本主義のかたち』日本経済新聞社。

三和裕美子（1998）『機関投資家の発展とコーポレート・ガバナンス』日本評論社。

三和裕美子（2009）「米国における機関投資家の株主アクティビズムの現状―ヘッジファンドによる株主アクティビズムを中心に―」『証券アナリストジャーナル』，2009年1月号。

三和裕美子（2011）「機関投資家の CSR に対する意識と行動」『明治大学社会科学研究所紀要』，第49巻，第2号。

三和裕美子（2014）「わが国の機関投資家のコーポレート・ガバナンスに関するアンケート調査」『明大商学論叢』，第96巻，第4号，pp.89-99。

三和裕美子（2015）「経済の金融化における証券取引所の変質」福田邦夫編『21世紀の経済と社会』，pp.93-122。

三和裕美子（2016a）「ヘッジファンド・アクティビズムと現代企業」『経済』，2016年12月号，pp.66-76。

三和裕美子（2016b）「国内外の機関投資家のエンゲージメント活動に関する考察―機関投資家へのヒアリング調査をもとに―」『明大商学論叢』，第98巻，第3-4号。

三和裕美子・山田剛志（2022）「アクティビストの活動と情報漏洩のリスク」『旬刊商事法務』，2304号（9月5日）・2306号（9月25日）。

三和裕美子（2022a）「資本市場とダイバーシティ＆インクルージョン」姜理恵・三和裕美子・岩田宜子編（2022）『激動の資本市場を駆け抜けた女たち』白桃書房。

三和裕美子（2022b）「Board 3.0は日本で機能するのか：株主アクティビストと企業の攻防」『明大商学論叢』，第104巻，第4号。

三和裕美子（2023）「ESG はどこに向かうのか？―機関投資家の動向を踏まえて―」『ジャパニーズインベスター』，117号，2023年4月25日。

村澤竜一（2021）『機関投資家のエンゲージメント』中央経済社。

森田章（1978）『現代企業の社会的責任』商事法務研究会。

柳良平（2021）「ESG 会計の価値提案と開示」『月刊資本市場』，No.428，pp.36-45。

柳良平・杉森州平（2022）「知的資本の PBR への遅延浸透効果：『アスタミューゼスコア』と『柳モデル』の応用」『月刊資本市場』，No.438，Feb.2022。

柳良平・デビッドフリーバーグ（2022）「顧みられない熱帯病治療薬無償配布の ESG 会計―グロー

バルヘルスの『製品インパクト会計』の新機軸—」『月刊資本市場』，2022年9月号。
ロバート・シラー（2021）山形浩生・守岡桜訳『それでも金融はすばらしい』東洋経済新報社。

# 事項索引

著者略歴

三和裕美子 (みわ・ゆみこ)

明治大学商学部教授
研究分野は機関投資家とESG、アクティビストの企業への影響、戦前期の株式市場の構造など。
主な著書として、『機関投資家の発展とコーポレート・ガバナンス』日本評論社 (1999年)、『激動の資本市場を駆け抜けた女たち』(共著) 白桃書房 (2022年) などがある。
各種学会理事のほか、企業の社外取締役やアセットオーナーの資金運用委員なども務める。

投資家資本主義の未来
ESG投資の行方

2024年5月7日 初版第1刷発行

著　者　　三和裕美子

発行者　　千倉成示
発行所　　株式会社 千倉書房
　　　　　〒104-0031 東京都中央区京橋3-7-1
　　　　　電話 03-3528-6901（代表）
　　　　　https://www.chikura.co.jp/

印刷・製本　精文堂印刷株式会社